FILMBIBLIOTHEK

REDEN ÜBER FILM

Eine Veranstaltungsreihe des ARRI-KINO und des Kultur-
referats der Landeshauptstadt München in Zusammenarbeit
mit der Süddeutschen Zeitung

Die Deutsche Bibliothek – CIP-Einheitsaufnahme
Bilder der Gewalt : mit einer Kontroverse zwischen Hans Günther Pflaum
und Klaus Schreyer / Peter Sloterdijk ; Klaus Theweleit ; Robert Fischer.
Hrsg. und eingeleitet von Andreas Rost. – Frankfurt am Main : Verl. der
Autoren, 1994
(Filmbibliothek) (Reden über Film)
ISBN 3-88661-153-1
NE: Sloterdijk, Peter; Rost, Andreas [Hrsg.]

Umschlagentwurf: Bayerl & Ost GmbH, Frankfurt am Main
Umschlagfoto: DIF, Frankfurt am Main
Gesamtherstellung: Druck- und Verlags-Gesellschaft mbH, Darmstadt

Robert Fischer, Peter Sloterdijk
Klaus Theweleit

Bilder der Gewalt

Mit einer Kontroverse zwischen
Hans Günther Pflaum und Klaus Schreyer

Herausgegeben und eingeleitet von Andreas Rost

Verlag der Autoren

Inhalt

Vorrede

Cineasten fallen kaum vom Himmel, doch aus allen Wolken, wenn einer im Kino den Mund aufmacht...

REDEN ÜBER FILM – auch das noch! Im Kino, dem Ort »erschlaffender Bequemlichkeit« (Roland Barthes) für geistige Kraftakte sorgen zu wollen, mit dem harten Brot der Wortkultur dem Durst nach Bildern zuvor-, bei- oder nachzukommen, klingt wie Frevel an der Grundhaltung des Kino*zuschauers*. Der Bilderreigen, in dessen hypnotischen Bann er treiben möchte, scheint mit einem Absperrgitter versehen. Der Cineast denkt an eine Liedzeile aus OUT OF THE BLUE (and into the black): »You ask for this and they give you that«.

Kann ein Redner auf der Bühne vor dem Vorhang, hinter dem die Kinoleinwand die Fülle der Bilder verspricht, mit seinem Wort verfangen und dem Kinofreund mehr sein als nur ein ärgerlicher Aufschub seiner Lust? »In ein Kino gehe ich, um Filme – eventuell auch Regisseure und (Medien-) Stars – zu sehen und zu hören, nicht aber Dozenten, Lehrer oder Professoren« – so begründete, nach reiflicher Überlegung, Professor Thomas Elsaesser, der an der Universiteit van Amsterdam Film- und Fernsehwissenschaft lehrt, seine Absage und fügte (in Abwandlung eines Spruches von Groucho Marx) hinzu: »Wie kann ich mich zu etwas einladen lassen, zu dem ich selbst nicht käme?«

Ein Lehrstuhlinhaber für Philosophie und Ästhetik, Professor Peter Sloterdijk, kam als erster Redner der Reihe, und er zog so viele Leute an, daß der 360 Plätze umfassende Kinosaal des ARRI zweimal hätte ausverkauft werden können. Waren hier die Bildungsbürger unter sich, jene Leute, die mit dem Adorno der Emigrationszeit schon immer der Meinung waren, bei aller Wachsamkeit aus jedem Besuch des Kinos dümmer und schlechter wieder herauszukommen? Hatten sie sich in der Brillanz des Philosophen den intellektuellen und moralischen Schutzschild erhofft, um sich unversehrt in die Niederungen der Bildkultur zu begeben? War hier die Gemeinde der Ikonoklasten, statt Sonntag morgens auf harten Kirchenstühlen Platz zu nehmen, in den Sesseln des ARRI versunken, um mit den geistigen Waffen eines Sloterdijk den Muskelmann Schwarzenegger exterminiert zu sehen?

Sicher ist, daß zu Sloterdijk nicht nur die »T2«-Fans kamen, daß ungefähr die Hälfte der Besucher den TERMINATOR 2 noch nicht kannte, ihnen der Vortrag somit Gelegenheit bot, in einem Durchgang Bilder- wie Bildungslücke zu schließen: Man würde nicht nur Filmbilder sehen, sondern mit den Augen des Philosophen gleich durch sie hindurch ihren *Grund* schauen...

Cineasten monierten, daß die Einlassung auf die filmischen Spezifika zu kurz gekommen sei gegenüber dem philosophisch-anthropologischen »drive«, der als Bodensatz der Bilder Ablagerungen einer »ursprünglichen Hominisation« zutage förderte, in deren Zentrum die »Geburt des Menschen aus dem Geist des Gegenangriffs« stand.

»Bilder der Gewalt« hieß das Reihenthema für 1993. Es drängte sich nicht einfach kinoimmanent auf, sondern wurde quasi »vom Zaune gebrochen« im Zuge einer gesellschaftlichen Diskussion um Kino und Fernsehen sowie deren Beitrag zur ansteigenden Gewaltbereitschaft.

Und damit müssen wir auf die Geburt dieser Reihe aus dem Geist eines Gegenangriffs zu sprechen kommen, der den Film und seine manchmal so sprachlosen Verehrer vor den Angriffen bestimmter Kulturverwalter (oder Abwickler) verteidigt. Es gibt keine Kino-Oase, die vor wüsten Beschimpfungen, sie sei Brutstätte gesellschaftlichen Unheils, verschont bliebe (vgl. die Kampagne der Legion of Decency in den 30er Jahren in den U.S.A.). Es mehren sich wiederum die Zeichen, daß in Filmwerken, in denen so etwas wie eine »Kollektivmentalität« nachhallt, einzig die Vorbildfunktion gesucht und gesehen wird, die für gesellschaftliches Rollenverhalten prägend sei.

Diese theoretische Auffassung der Sache bleibt meist nicht folgenlos für die Praxis, die Regulative darüber erläßt, was in Bildern an Gewalt gezeigt werden darf. In der Fernsehberichterstattung über den Sloterdijk-Vortrag gab es die paradoxe Situation, daß die Entscheidung eines Senders, weniger Gewalt-Bilder auf den Bild-

schirm zu bringen, an »T2«-Filmausschnitten zu Kürzungen
führte, obwohl der Vortrag seinen Sinn in der Begegnung wie Auseinandersetzung mit eben diesen vom Fernsehen ausgesparten Bildern hatte. Die Bildungsbürger am Werk?

Die Bilderbürger sprachlos? Ohne Lobby? Wie läßt sich der Pro-
zeß des Hinschauens vertiefen, Verständnis für Zusammenhänge
entwickeln, kurzum: von Bildern reden, ihrem Anliegen zur Sprache verhelfen, ohne ihre Andersartigkeit an eben dieses andere
Medium zu verraten? Welcher Diskurs müßte um den Film ange-
strengt werden, der nicht nur Tiefen-, sondern zugleich Breiten-
wirkung zeitigt?

Wenn eine Kulturdezernentin auf die Idee kommt, man könne
Kinobildkultur auf Videobilder übertragen und damit Ausgaben
für ein Kino sparen, so hält Film – obwohl vermehrt Lehrgegen-
stand von Universitätsseminaren – im öffentlichen Bewußtsein keinen gesicherten Platz besetzt (nicht zuletzt deshalb, weil er in
Forschung und Lehre ohnehin meist durch Video *stillschweigend*
ersetzt wurde).

Die REDEN ÜBER FILM aus den »Elfenbeintürmen« der Hörsäle
und Seminarräume in die Stätten des Kinovergnügens zu legen,
mag für manche den von Elsaesser empfundenen Widerspruch
wachrufen. Wir plädieren dennoch für ein »unreines«, mit Sprache
durchsetztes Kinovergnügen an einigen Sonntagen im Jahr, damit
die Projektionslichter der Kinos in kulturpolitischen Debatten die
nötigen Fürsprecher finden, um unseren Bilder-Träumen auf der
Leinwand ein langes, ungestörtes Leben zu sichern.

Einem Mann, der für das tägliche Kinoleben die Programmarbeit
im ARRI macht und das Konzept der REDEN ÜBER FILM vor seinem Erfahrungshintergrund von Anbeginn mit entwickelt wie
konkretisiert hat, sei hier ausdrücklich gedankt: Lothar Just, mit
dem ich hoffe, noch viele REDEN ÜBER FILM planen und durch-
führen zu können.

München, Mai 1994   A.R.

Peter Sloterdijk

Sendboten der Gewalt
Zur Metaphysik des Action-Kinos
Am Beispiel von James Camerons »TERMINATOR 2«

1

Man kann Menschen einteilen in Gewaltsucher und
Gewaltflüchter und kann die Gruppe der Gewaltflüchter
noch einmal teilen in Zeitgenossen und Zeitflüchter. Wer
Gewalt und Zeit zugleich erfolgreich geflohen hätte, wäre
irgendwo, nur nicht hier, wäre untergetaucht unter den
Stillen im Lande, getragen von der Hoffnung, daß aus der
eigenen Zeit- und Gewaltferne etwas Heilsames in die
übrige Welt emaniert.

Wenn Zeitflucht scheitert, so verwandelt sich wiederum ein
Teil der Geflohenen in Zeitgenossen besonderer Art zurück:
in Intellektuelle. Zeitgenossen des intellektuellen Typs sind
Individuen, die nach einer Reihe von gescheiterten Zeit- und
Weltfluchtversuchen damit beginnen, öffentlich darüber
nachzudenken, was es bedeutet, hierher zu gehören und
einen eigenen Anteil am Gewicht der Welt nicht länger zu
verweigern.

»Auch ich bin jetzt zurück aus Arkadien« – so könnte das
Paßwort der bekehrten oder gescheiterten Zeitflüchter lau-
ten. Wer aus dem Anderswo, dem imaginären wie dem realen, zurückkehrt in den allgemeinen Realitätskessel, wird
sofort bemerken, daß hier der Alltag darin besteht, Mitwis-
ser und Konsument einer ununterbrochenen Gewaltagita-
tion und Gewaltinformation zu werden. Es stellt sich, mit
anderen Worten, heraus, daß die Fluchtgründe weiterbeste-
hen, während der Glaube an Fluchtmöglichkeiten ver-
braucht ist.

Zurück aus dem Anderswo, zurück aus dem Heil, zurück aus
den Ferien, was fällt als erstes auf? Vor allem dies, daß die

gewaltflüchtigen Zeitgenossen umzingelt sind von Gewalt-suchergruppen aus Tätern und Informanten, die das Auswei-chen in gewaltfreie Räume immer mehr zu einem Ding der Unmöglichkeit machen.

Gewaltinformation folgt dabei im großen ganzen einem bla-mierenden oder kontrastierenden Schema: Wir gehen unse-ren normalen – oder pseudonormalen – Tätigkeiten nach, während in New York Bomben in Parkgaragen explodieren, in Bombay Stadtviertel brennen, serbische Soldaten im Rausch Dörfer planieren und triumphale Blickkontakte suchen zu den gefangenen Frauen, die ihren Vergewaltigun-gen preisgegeben sind, während deutsche Brandflaschenwer-fer Häuser und Menschen anzünden und Kinder überall im Westen bei elektronischen Exterminierungsspielen in Ekstase geraten.

Vielleicht ist es ein Vorzug, wenn man über solche Dinge nicht gleich wie ein Psychologe oder ein Politologe redet, der sie immer schon verstanden hat, sondern aus der Per-spektive des gescheiterten Weltflüchters, der zunächst keine Theorie hat, vielmehr eine Erregung teilt.

Um von der Gewalt – oder besser: aus ihrer Sphäre – so zu reden, daß die Sache nicht von vornherein falsch objektiviert wird, scheint es mir ratsam, gleich zu Beginn die Distanz-Illusion platzen zu lassen, die uns selbst in eine befriedete Zone und die Gewalt vor die Grenze plaziert. Was ich statt dessen vorschlage, ist eine Übung im sphärischen Denken – wobei Sphäre dem griechischen Wortsinn gemäß mit Kugel übersetzt werden soll. Gehen wir also unser Thema im Stil einer Kugelmeditation an.

Nachdenken über Gewalt könnte beginnen mit dem Anden-ken jener Hyper-Kugel, die hier ohne weitere Rechtferti-gung als Sein bezeichnet werden soll. Dasein hieße immer, in einer Sphäre sein oder von einer Sphäre enthalten werden.

Meine These lautet nun, daß das, was wir meistens ohne Nachdenken und mit Blick auf Einzelfälle als »Gewalt« bezeichnen, seiner Natur oder Ausbreitungsform nach ein sphärisches Format hat. Wenn »es« sie »gibt«, dann im

Modus des Überall-Seins, man könnte auch sagen: in elementarischer oder medialer Verteilung.

Man kann der Sphäre, die einen umschließt, also nicht gegenüberstehen wie einem Tafelbild – auch wenn Lukrez in seinem Lehrgedicht sagt:

Süß, wenn auf hohem Meer die Stürme die Weiten erregen,
ist es, des anderen mächtige Not vom Lande zu schauen,
nicht weil wohlige Wonne das ist, daß ein anderer sich
abquält, sondern zu merken, wie süß es ist, welcher Leiden
du ledig.
Süß ist es auch, des Krieges gewaltige Schlachten zu sehen
wohl im Feld geordnet, ohne dein Teil an Gefahren.
(Titus Lucretius Carus, *De rerum natura*, II, 1-6)

Bei einer sphärischen Gewalt-Auslegung fällt das lukrezische Zuschauer-Sein ins Innere des Gewaltkreises, weil das Theater der Gewalt nur eine lokale Projektion innerhalb der Sphäre bedeutet, die kein Außen hat. Im Innern der Gewaltsphäre an einer Stelle stehen, von wo aus Gewalthandlungen wie Szenen vor Augen treten, heißt immer noch, in die Sphäre eingeschlossen zu bleiben. Wollte man dieses Verhältnis in eine Formel fassen, so müßte man sagen: In-der-Welt-sein heißt In-der-Gewalt-sein, wobei letzteres alle Einzelfälle übersteigt, etwa: in der Gewalt von Entführern sein, in der Gewalt der Banken sein, in der Gewalt eines eifersüchtigen Partners sein oder wovon Sie sonst allseitig umgriffen sein können, bis hin zu Gottes gewaltiger Hand, in deren Griff manche, wie man hört, sich wohler fühlen als in jeder anderen unübersteigbaren Schale.

Man höre sich die potentiell panikerregende Formel noch einmal, wenn möglich, in Ruhe an: In-der-Welt-Sein heißt In-der-Gewalt-Sein – und ermesse die Tragweite des Satzes, mit dessen Überspanntheit, wie ich zu zeigen hoffe, es eine besondere Bewandtnis hat. Ich will das überspannte Theorem durch eine überspannte Geschichte komplettieren, um

15

günstige Voraussetzungen für das Bedürfnis nach Entspannung in weniger extremen Betrachtungen zu schaffen.

Leser von James Clavells Japan-Epos »Shogun« werden sich an eine grausame Episode zu Beginn des Romans erinnern: Kurz nach der Landung von Captain Blackthornes Schiff an der japanischen Küste wird einer der elf Matrosen durch ein Strohhalm-Orakel ausgewählt, um stellvertretend für die Schiffsmannschaft von den Samurai des Landesherrn Yabu gefoltert und hingerichtet zu werden. Das Los trifft einen gewissen Vinck, – im Handgemenge mit den Schergen jedoch wird ein anderer, der Matrose Pieterzoon, ausgesondert und zu dem höllischen Exerzitium geschleppt. Er wird es sein, dem der zerdehnte Tod bevorsteht – ein dunkler Auftakt zu japanisch-europäischen Beziehungen. In einem riesigen Eisenkessel, den die Fischer im Winter zum Kochen von Waltran und Fischleim benutzen, war Pieterzoon seit Sonnenuntergang bei mittleren Temperaturen gegart worden – der Folterknecht hatte Befehl, darauf bedacht zu sein, der Prozedur gebührende Dauer zu geben. Die ganze Nacht lang hatte Herr Yabu den Schreien des gesiedeten Matrosen aus der Ferne gelauscht, bevor er einen Samurai namens Omi ausschickte, um sich von ihm vom Zustand des Manns im Kessel berichten zu lassen.

Neuerlich wurden die durchdringenden Schreie vom Wind herangetragen. ›Du hast dem Barbaren in die Augen gesehen?‹ – ›Jawohl, Yabu-sama.‹. Omi kniete jetzt hinter dem *Daimyo*, etwa zehn Schritt entfernt. Yabu war regungslos sitzengeblieben. Das Mondlicht warf Schatten auf seinen Kimono und ließ seinen Schwertgriff ragen wie einen Phallus. ›Was – was hast du gesehen?‹ – ›Wahnsinn! Das Wesen des Wahns. Ich habe noch nie zuvor solche Augen gesehen. Und so grenzenloses Entsetzen.‹ Sanft schwebten drei Blütenblätter herab. ›Mach ein Gedicht über ihn!‹ – Omi versuchte, seinen Geist zum Arbeiten zu zwingen. Dann, wohl wünschend, daß diese Worte angemessener ausgefallen wären, sprach er:

Seine Augen
waren die Höhlen der Hölle.
Nichts als Qual –
sprechende Qual.
Schreie wurden heraufgetragen, schwächer zwar, doch
wirkten sie wegen der großen Ferne nur um so schneiden-
der. – Nach einem Moment sprach Yabu:
Wenn man
ihrer Qual erlaubt, ganz tief in einen einzudringen,
wird man eins mit ihnen –
sprachlos eins.

Man begreift nun: Pieterzoon war an einen Mystiker geraten, der sich ein Spiel daraus machte, sich mit dem Schreienden im Kessel zu vereinen – in einer Tiefe, versteht sich, die
jenseits von gesiedeten Matrosen und meditierenden Feu-
dalherren liegt. Was uns angeht, so wird uns kaum jemand
dazu überreden, hier in bezug auf den Matrosen das zu tun,
was Sozialpsychologen mit dem Ausdruck *taking the role of
the other* bezeichnen – es sei denn, wir finden einen Weg, die
Lage im Kessel so zu entspannen, daß wir einwilligen können, uns an die Stelle des Insassen zu denken.

Wenn Zugehörigkeit zur Gattung Mensch, wie man gelegentlich hört, die Forderung einschließt, sich an die Stelle
jedes anderen setzen zu können, so werden wir uns, mit
Blick auf Pieterzoons »Verlegenheit«, nur zu einer bedingten
Menschlichkeit bekennen. Man könnte das als das Gesetz
der begrenzten Solidarität bezeichnen. Fürs erste senken wir
die Temperatur im Gefäß auf lauwarme Grade, bis man sie
für mittelmeerische, Ende Juli, halten könnte. Ferner fällt
auf, daß die Kesselwände die Sicht unzumutbar hindern. Wir
nehmen sie weg oder weiten sie so lange, bis sie wie ein
gewöhnlicher Horizont auf flachem Lande aussehen. Alle
Anzeichen gegenwärtiger Gefahr für Leib und Leben werden beseitigt – niemand wird gesotten, niemand eingeengt,
jeder von uns könnte jetzt ohne Protest an Pieterzoons Stelle

sein, und sollte es sich dem Sinn der Szene nach um etwas handeln, das irgendwann mit dem Tode endet, so haben wir Mittel und Wege, darüber bis auf weiteres nicht in Aufregung zu geraten.

Obwohl vage Todeskandidaten, definieren wir uns durch sorglose Sorgen und lassen keinen Streß vom Ende her in den offenen Augenblick eindringen. Wir vereinigen uns, wenn man so sagen darf, mit dem anderen in einer mittleren Zone, wo ihm so wenig Schlimmes droht wie uns jetzt hier. Bei unserem Aufenthalt im amüsanten Weltkessel sind wir eine Gesellschaft von lässigen Pieterzoons, die miteinander Konversation und Geschäfte treiben und sich gegenseitig letztlich so gleichgültig sind, wie Herr Yabu und der Matrose es wären, wenn ihre Wege sich nie gekreuzt hätten. Kurzum, wir sind Mitglieder einer liberalen Demokratie.

Man sieht, was gemeint war, als ich oben von der Lockerung überspannter Sätze sprach. Wenn es hieß, In-der-Welt-Sein sei seinem Grundzuge nach immer schon auch ein In-der-Gewalt-Sein, so sollte das nicht in der Pieterzoonischen Radikalbedeutung gelten. Es ist uns daran gelegen, das panische Motiv bis zu dem Grad aufzulösen, daß wir uns in der Welt sehen können wie ein Badegast im Julimeer, an einer Stelle, von wo man der Freundin zuruft, hier kann ich noch stehen. Jeder weiß, daß Meer auch anders sein kann, dann aber wäre ein Aufenthalt an derselben Stelle fatal. Wenn wir im Augenblick heiter mitten drin sind, sozusagen meeres-löslich wie Wasser inmitten von Wasser, so deswegen, weil wir beim Darinnensein keine Gründe haben, daran zu denken, wie wir herauskommen.

Übertragen auf das Gewaltfluidum, in dem wir gelöst sind, würde dies besagen, daß wir bestimmte Zustände des Darinnenseins wohl genießen – die sommerlichen, die bürgerlichen –, während andere, fänden wir uns in ihrem Zentrum, uns zu einer panischen Suche nach einem Weg hinaus veranlaßten.

Ich will im folgenden der Frage nachgehen, wie das gewaltlösliche Menschenwesen sich anstellt, wenn es gilt, aus dem furchtbaren Bad zu steigen. Vielleicht ist alle Geschichte nur die Geschichte von Gewaltlösungen.

2

Um von Gewalt und ihrer Auflösung oder Teilung zu sprechen, kommen wir nicht umhin, einige Sätze über den Menschen als alten Läufer und alten Werfer zu sagen. Das ist zunächst nichts Neues: Wer ins Kino geht, riskiert immer eine anthropologische Lektion, und wer Aktions-Kino liebt, ist *eo ipso* der Paläoanthropologie nahe, weil *action*, wie ich zeigen werde, den lange vermißten Schlüssel zum Affe-Mensch-Übergangsfeld liefert.

Ich gehe von der Beobachtung aus, daß die heutige Popularkultur einen Rückschritt vom Drama zur Aktion inszeniert: An die Stelle von interpersonalen Konflikten des hochkulturellen Dramentyps treten nun auf breiter Front interbestialische oder intermaschinelle *action*-Sequenzen, die, auf den ersten Blick, nichts mehr gemeinsam zu haben scheinen mit der menschenbildenden Dimension der europäischen und orientalischen Theater- und Erzählkulturen. Ich werde gleich zeigen, inwiefern auch solchen *action*-Szenen ein gewisser Bildungs-Sinn zukommt – allerdings nicht im Sinne von Humanisierung, sondern von Hominisation.

Was die akademische Historie freilich unter dem Titel Vor- und Frühgeschichte behandelt, ist in der Sache das Gegenteil dessen, was die Lehrbücher präsentieren – dem Anscheine nach das Reich der Ereignislosigkeit, worin langweilige Jäger- und Sammlerpopulationen in ihrem hunderttausendjährigen Kleinklein vor sich hinvegetieren, bis endlich Krieger, Könige und Schreiber kommen, um die Geschichte aufzumischen. In Wahrheit ist der Riesenzeitraum der sogenannten Vorgeschichte randvoll gefüllt von einem Ereignis, dessen Dramatik alle Einzeldramen überragt: von dem Ereignis der ursprünglichen Hominisation. Über eine Million Jahre hin ein einziges Riesenereignis, eine titanische Handlung, deren Gewaltsamkeit und Spannung alles in den Schatten stellt, was später vorfiel, die Entzündung des nuklearen Feuers vielleicht ausgenommen. Wer würde nicht zugeben, daß dies eine Herausforderung an die Geschichtsschreibung darstellte? Schlägt man die Bücher der Paläontologen auf, so überkommt die meisten Leser ein Unbehagen. Dieses lustlose Herumstochern der Experten in afrikanischen oder chinesischen Halbaffenknochen ist wohl nicht auf der Höhe der Sache, wenn wir erst zugegeben haben, daß die sogenannte Vorgeschichte das Atemberaubende schlechthin enthalten muß, das Ereignis der Ereignisse, die helle Katastrophe, aus der wir stammen.

Angesichts dieser Sachlage schlage ich vor, die folgende Hypothese zu prüfen: Der moderne *action*-Film ist eine Gattung experimenteller Vor- und Frühgeschichtsschreibung, die mit den Mitteln avancierter Film-Technik die archäologischen Geheimnisse der Menschheit bearbeitet. Im *action*-Kino kommt ein Aspekt der Wahrheit über das menschheitsbildende Inaugural-Ereignis an den Tag, das man summarisch überschreiben könnte: die Sezession der Menschenhorden von der Alten Natur.

Sehen wir näher zu: Die beiden Universalien des Aktions-Kinos – Laufen und Schießen – sind in der Regel in Sequenzen verbunden, die Cineasten »Verfolgungen« nennen. Um kaum etwas anderes geht es auch bei dem frühgeschichtlichen Großereignis, aus dem der *homo sapiens* hervorgeht – als das Lauftier, das zu zwei Fünfteln seiner Länge aus Bein besteht und das Mensch wird, weil es Verfolgungen übersteht. Dazu war es nötig, daß der Frühmensch sich vom Flüchter zum Gegenangreifer transformierte – vor allem mittels geworfener Steine und geschwungener Äste.

Die gestische Einheit von Laufen auf der Flucht, Sichumdrehen und Werfen nach dem Angreifer ist das älteste Aktions-Muster der Menschheit – es ist eben jenes Muster, das die Hominisation vorantreibt und die Entstehung eines spezifisch menschlichen Gruppeninnenklimas ermöglicht.

Durch die singuläre Verschränkung von Laufen- und Werfen-Können bildet sich um die Inhaber solcher Sonderkompetenzen ein unsichtbarer Ring, ein Abstand von aller übrigen Natur, die von nun an Menschenwesen nicht mehr dazu zwingen kann, sich über bloße Körperanpassung auf ihre Umwelt einzustellen.

Im Innern des unsichtbaren Rings werden beim Menschen die Köpfe merkwürdig groß, die Häute merkwürdig dünn, die Frauen merkwürdig schön, die Sexualität merkwürdig chronisch, die Kinder merkwürdig infantil. Die alten sapiens-Horden sind schwimmende – oder besser: fliehende – Inseln, auf denen sich die Natur das Experiment einer Luxus-Evolution mit »Welt«-Folgen gestattet. Weil Menschen als Läufer, Werfer und Schläger dem direkten Druck tierischer Konkurrenten erfolgreich ausweichen, wird aus ihnen die Gattung, die den Kopf hebt, ins Feld schaut und vor Wachheit zittert. Theoretisches Verhalten entsteht beim Menschen außerordentlich früh gewissermaßen aus dem Wachheitsüberschuß, der dem Aufmerksamkeitstier *homo sapiens* die Augen freigibt für luxurierende Blicke in das stille Feld.

Von hier aus wird die dritte Universalie des Aktions-Kinos verständlich – das Warten, das Ruhigsitzen, das Bad des Helden in der Stille vor dem Angriff, die kleinen Bewegungen der Täter in der ereignisschwangeren Ereignislosigkeit.

Ich sage nun, wer dergleichen auf die Leinwand bringt, ist nicht a priori ein Brutalisator, wie die Kulturkritiker meinen, und auch nicht immer nur jemand, der auf die zuverlässig vulgären Instinkte seiner Mitmenschen spekuliert. Er ist zunächst und in der Sache ein Frühgeschichtler, der seine Sonden ins Hominisationsfeld zurückschickt, um sich und uns über den realen Inhalt der vorgeschichtlichen Menschenbildung aufzuklären. Der Aktions-Film exploriert die nie ganz zu vergessende Konfliktgrenze, an der sich entscheidet, ob Hordenwesen überleben oder nicht.

Wenn oben gesagt wurde, alle Geschichte sei die der Gewaltlösungen, so wäre jetzt hinzuzufügen: Sie ist die Geschichte des Davonkommens aus Verfolgungen und die Geschichte des Übergehenkönnens von der Flucht in den Gegenangriff. Man könnte geradezu von der Geburt des Menschen aus dem Geist des Gegenangriffs sprechen. Am Anfang war die Gegengewalt – das heißt, die Gewaltflucht, die durch Würfe Grenzen in den Raum zieht.

Das Distanztier Horden-Mensch lebt auf einer Insel von Umweltabstand, die durch das Integral von Flucht und Gegenangriff aus der Alten Natur ausgegrenzt wird. Daher läge es nahe, die alten Horden mitsamt ihren hochkulturellen Nachfolgern in Völkern und Nationen als soziale Flöße zu verstehen, die auf dem Meer der Alten Natur driften, mit der erst spät verdeutlichten Tendenz, die zeitlose Drift in historische Fahrt zu überführen.

Nun wird verständlich, warum die gesamte Paläohistorie Variationen über die Motive Werfen und Schießen bieten muß. Tatsächlich ist der Mensch, soweit er sich im Gegenangriff selbst erfunden hat, ein artilleristisches Tier – Werfer, Schütze, Distanzerzeuger mit den Mitteln des Geschosses und der geworfenen Grenzsteine. Wenn wir bedenken, daß die ersten »Grenzen« nicht gezogen oder gesetzt, sondern geworfen wurden (um danach als Niemandsländer zwischen den Werfern leer zu bleiben), dann wird die archaische Suggestivkraft von Schußwaffen im allgemeinen und der Feuergefechte im Aktions-Kino im besonderen sehr plausibel.

Der Aktions-Historismus erinnert daran, daß das Horden-Ego überall dort zu Distanz- und Abgrenzungskämpfen Anlaß findet, wo die alten Akteure auf ihren Ausflügen aufeinanderstoßen. Wer bei schweifenden Fahrten auf andere schießt, ist nicht immer nur der *cool killer* oder der *lonely cowboy*; er könnte ebensogut ein alter Jäger sein, der Horden-Außenpolitik macht – nicht in territorialen Begriffen, sondern in Vorstellungen einer so imaginären wie realen Intaktheit des Horden-Egos, das in seinen innerlich relativ befriedeten informellen Revieren durch den gewalterfüllten Weltkessel driftet.

Daher gibt uns der Rückblick auf die Hominisation in der Horde Gelegenheit, über jene Artillerie vor der Artillerie nachzudenken, die von der Menschwerdung insgesamt untrennbar scheint. *Homo sapiens* könnte mit besserem Recht *homo iactans* heißen. Hätte Heidegger die TERMINATOR-Filme noch sehen können, so hätte er, dessen bin ich sicher, nicht länger behauptet, daß der Mensch dasjenige Seiende ist, das sich selbst zu entwerfen hat, sondern dasjenige, das schlechthin zum Werfen verdammt ist.

Wer vom Werfen reden will, darf vom Treffen nicht schweigen. So nähern wir uns jetzt der dunklen Seite dieser Überlegungen, denn es muß von der Beziehung der Schützen und Werfer zu den getroffenen Objekten die Rede sein, wobei ich die Erwägung vorausschicke, es könne sich hierbei um den Prototypus dessen handeln, was man neuzeitlich eine Subjekt-Objekt-Beziehung nennt. Mit der Frage nach dem Treffen ist das Terminator-Motiv zum ersten Mal angerührt, denn die Treffer, von denen die älteste Jägerfolklore ebenso wie die neueste Killer-Automaten-Phantasie lebt, sind eben die terminalen, die terminierenden, die Voll-Treffer, die Schlußpunkte hinter das autonome Dasein des Objekts setzen.

Die Objektbeziehungen der Schützen sind von einer Art, die man als glücklichen Sadismus charakterisieren könnte. Auf ein Objekt schießen heißt nicht nur, es aus dem Weg schaffen oder von den Füßen bringen wollen: Ein »wahrer« Schuß erkennt im Anderen ein Etwas, das sich dort aufhält, wo besser ein Nichts wäre, und ist daher, wenn er zum Volltreffer führt, die »Herstellung« dieses genauen Nichts an der Stelle des falschen bisherigen Etwas. In solcher Sicht wäre jeder Art von Artillerie ein latentes Terminator-Motiv inhärent. Wo immer im Ernst geschossen wird, wird das Nichts eingeladen, mit dem bisherigen Etwas Platz zu tauschen. Der Kult des Treffers, der durch alle *action*-Filme geht, ist eine immerwährende Auslöschungszeremonie, die das ursprüngliche Vernichtungswunder der Horden-Menschheit nachfeiert, als wäre es etwas, worauf auch der heutige *sapiens-iactans* nicht verzichten kann.

Wenn ich den Ausdruck »Vernichtungswunder« gebraucht habe, ohne von der Formulierung sofort moralisch abzurükken, dann geschah das nicht in der Absicht, eine schwarze Messe theoretisch vorzubereiten, sondern um ein paläoanthropologisches Theorem über die primären Machterfahrungen unserer Horden-Menschheitsgeschwister plausibel zu machen. Denn in der Ich-Bildungsgeschichte der Gattung sind Vernichtungen älter als Schöpfungen, und das Auslöschen ist grundlegender als das Erfinden. Terminieren geht über Inaugurieren – wieso? Die Antwort ergibt sich aus den Grundgegebenheiten der Hordenwirklichkeit.

Die Gruppe driftet – umgeben von der unsichtbaren Eihaut ihrer Naturdistanz – auf dem alten Naturmeer dahin, ein wahrhaft Pieterzoonisches Floß in einem gefahrenträchtigen Weltbottich. Der mag wohl im Durchschnitt laue Temperaturen bieten und die Flößer, solange es wenige sind, ernähren: Er umschließt sie aber wie für immer mit seiner undurchdringlichen Gewalt- und Machthülle, die den Menschen in eine ambivalent-urpassivische, zugleich geborgene und gepreßte Stellung bringt. Vor diesem Hintergrund wird verständlich, was ursprüngliches Werfen und Treffen bedeuten konnte: den Anfang nämlich einer unendlich langsamen und mühevollen Gegenmachtergreifung, an deren Ende auch so treffende Sätze wie der cartesianische vom Menschen als *maître et possesseur de la nature* möglich wurden.

Mit den ersten Treffern kommen Menschen in die Zone eines neuartigen Rausches, sie springen auf und werden von revolutionären Hochgefühlen geschüttelt. Ja, man kann sagen, Ich-Orgasmen rufen das Subjekt hervor. Das Treffen setzt einen euphorischen Ich-bildenden Sadismus ins Werk, der wahrscheinlich den roten Faden der psycho-evolutionären Prozesse überhaupt darstellt. Es handelt sich um einen Sadismus, der das Ich aufgehen läßt – in dem Maß, wie es sich in der artilleristischen Macht erfährt, ein Objekt untergehen zu lassen. Hier zuerst bricht der Mensch durch in die technisch-magische Zone. Ihrer Natur nach konnte diese zunächst keine andere als eine vernichtungs-magische sein; die Verwandlungs- und Herstellungsmagien werden dem Pfad folgen, den die Verneinungs-Magien mit Wurf und Schuß tele-kausal ausgetreten haben.

Denen, die Mühe haben, sich diese Zusammenhänge bildlich vorzustellen, kann unter Hinweis auf ein aktuelles Phänomen in der Subkultur des Sports geholfen werden. Man frage sich nur, in welchem Kontext wir zu Zeugen der heftigsten Lustäußerungen werden, die von menschlichen Wesen zu vernehmen sind. Die Gipfelpantomimen unserer Pornoköniginnen sind flache Komödien im Vergleich mit den Torschützenorgasmen, die im Zentrum aller Berichterstattungen über große Fußball-Turniere stehen. Es genügt, die Gesten der Helden auf dem Rasen nach erfolgreichen Torschüssen ernsthaft anzuschauen, um zu begreifen, daß hier Wildformen ekstatischer Genugtuungen durchbrechen, für die es im gesamten Spektrum zivilisatorischer Gesten kaum ein Äquivalent gibt.

Es handelt sich, wollte man nur richtig zusehen, oft um Ausbrüche von einer geradezu sakralen Obszönität, und dies nicht nur bei südländischen Männern, die nach geglücktem Schuß gelegentlich auf dem Rasen zusammenbrechen, sich bekreuzigen und wimmern, um mit verdrehten Augen irgendeiner höheren Gewalt für die artilleristischen Gnaden zu danken. Das sind die Samstagsgebete der modernen Menschheit, die mitgeheult werden von Millionen von Zuschauern vor den Bildschirmen und in den Stadien. Es sind Spontangebete der aufbewahrten Frühgeschichte, neben denen die monotheistischen Sonntagsrituale gekünstelt wirken.

Ich bin davon überzeugt, daß diese maskulinen Schützen-Orgasmen und Treffer-Kulte Nachbildungen des primärsadistischen Jubels sind, mit dem die ersten Jäger und Werfer ihre anfänglichen, wie auch immer prekären Siege über die alte Natur zelebrierten. Die Geschichte des menschlichen Könnens folgt in ihrem Erfolgskern dieser sadistischen Achse, auf der das Subjekt im Triumph über das getroffene und vernichtete Objekt zu sich kommt. Die ominöse Grausamkeit von Kindern ist manchmal noch von dieser Art. Macht, die sich selber will, strebt von Grund auf diesem Attraktionspol zu. Sie fiebert nach dem Hochgefühl, gegenüber einer an allen anderen Fronten übergewaltigen Natur endlich auch einige Siege erringen zu können. Sie tut erste Schritte zu einem Ausbruch aus dem Naturkessel – ballistische Vorspiele zu der metaphysischen Idee der Weltüberwindung.

Daher ist es motivisch völlig richtig, daß im modernen Aktionsfilm auf seinem vorläufigen Höhepunkt, dem zweiten TERMINATOR, der Killerautomat als Alliierter des kleinen Messias auftritt – ebenso wie es richtig ist, daß die Löcher, die er mit schweren Handfeuerwaffen seinem Gegenspieler in Kopf und Bauch schießt, nun endlich als explizite Löcher gezeigt werden können, dank computergenerierter Bilder. Endlich sieht jeder ohne weitere Vermittlung, worauf es beim Terminieren ankommt: ein Loch dort entstehen lassen, wo zuvor etwas Volles, Widersacherisches, Falsches war – »ohne Erledigung von Störung kein Überleben« (alte Höhlenweisheit).

Was aber, wenn die Welt im ganzen als Störung auffällt? Wie, wenn die Erde zur Zielscheibe einer letzten umfassenden Beschießung wird? Einfache Helden in Aktion orientieren sich, wie wir wissen, an der gesunden Idee vom vernichtenden Treffer. Terminatoren im letzten Gefecht hingegen orientieren sich an dem heilbringenden Auftrag, die globalen Vernichter zu vernichten. Bei Globalvernichtung meint die Phantasie, daß die gesamte Menschheit in einem nuklearen Kessel gegart werden wird.

Was das neue Terminator-Syndrom vom gewöhnlichen Artillerie-Nihilismus unterscheidet, ist der metaphysische Zusatz, daß ein paar richtige Treffer für die Rettung der Menschheit sorgen können. Wer mit Erfolg auf diejenigen schießt, die drohen, auf alles zu schießen, wird zum Erlöser mit der Schußwaffe als Heilszeichen. Wie konnte es dahin kommen, daß der Text der Evangelien mit dem der brutalsten Gewaltliteratur in eins zusammengezogen wurde? Es ist, fürchte ich, höchste Zeit, Arnold und James zu fragen, wie sie es mit der Religion halten.

3

James Camerons TERMINATOR-Filme von 1991 und 1984 reihen sich, wie man sieht, in eine Ideen-, Typen- und Klischee-Geschichte ein, die eine konstante Prä-Histoire vergegenwärtigt. Sie greifen Imagines viriler Vollmacht auf und setzen sie zu einem Schlußbild zusammen: Man möchte meinen, wir sehen hier die Endform des Schützen, die Apotheose des ballistischen Mannes.

Es wäre damit über den Schützen-Archetypus schon alles Wesentliche gesagt, hätten nicht James und Arnold eine Botschaft inszeniert, deren Entzifferung uns ins Kernland eines religiösen Systems versetzt. Denn TERMINATOR 2 zeigt nicht nur die definitiven Schützen, nicht nur *gunmen* der Sonderklasse, Männer wie Projektile, nein, Arnold, der edle Cyborg, hat eine Mission im Dienste der ganzen Menschheit zu erfüllen. Ein Mann auf Mission, man sieht es leicht, ist nicht nur ein Absender von Projektilen, sondern auch ein Gesandter, der ein Projekt von drüben in dieser Welt zu Ende führt. Das ist nicht nur ein Schießender, sondern auch ein Geschossener – einer, der sich unter Blitz und Donner auf amerikanischem Pflaster in der Nähe des Mülls materialisiert. Man begreift sofort, warum Filmkritiker vor einem solchen Phänomen hilflos stehen – man müßte Missionstheologe sein, um den Rang und das Genus dieses seltsamen Maschinenengels richtig zu bestimmen.

Ich lasse einige aktions-analytische Bemerkungen aus der Sicht laikaler Missionskritik folgen. Erstens fällt auf, daß Arnold-Terminator, wenn er wirklich noch eine Figur im Katalog der heroischen Virilität sein sollte, die nicht-phallische Natur solchen Heldentums deutlicher enthüllt als je ein Rambo oder ein Batman vor ihm. Die Verschiebung vom

Mann zur androiden Maschine macht den aphallischen Charakter der fleischüberzogenen Blechplastik vollends klar: An einem solchen Mann ist nichts, was nicht auch an einer Sprinklerautomatik wäre. Seine Feuerkraft gehört – psychoanalytisch gesprochen – nicht zur phallischen, sondern zur analen Stufe, seine Waffen sind keine Phallus-Symbole, sondern nach vorn versetzte anale Projektoren, die den Gegner herrichten für die Deponie.

Wohl finden alle Duelle wirklich unter Männern statt, aber unter Männern in *men's rooms*, Männern, die zur Apokalypse auf der Toilette blasen, Männern, die sich mittels analtechnischer Heißluft-Geräte gegenseitig aus der Welt furzen. Wenn die *kids* bei den großen Knallereien auf der Leinwand jubeln, egal, ob diese sich in einem alten Stahlwerk abspielen oder in intergalaktischen Räumen, so setzen sie sich einer bedenklichen Verführung aus. Sie überzeugen sich davon, daß Helden von männlichem Äußeren vor analen Duellen keine Scheu haben müssen. Ein Zeitalter der Tele-Fäkalien kündigt sich an.

Tatsächlich ist es das Ziel solcher Akteure nicht mehr, in einem als männlich qualifizierbaren Stil zu kämpfen und zu siegen, sie wollen die Objekte nur noch fäkalisieren und über Kot und Schutt hinwegschreiten. Und so geschieht es, in wunderbarer Apathie und perfekter Haltung. Der Kämpfer im Trubel bleibt kühl wie ein Juwelenhändler, empfindungslos wie ein steinerner Apoll, straff, wortkarg, effizient – der Schließmuskelmann in Vollendung. Noch gleicht sein Äußeres dem historischen Mann, sein Konstruktionsprogramm aber hat die Ebene der Überlegenheit über die menschliche Kondition erreicht: *Nie wieder Mensch* heißt die Maxime seines Handelns. Wäre der Cyborg noch von psychologischen Charakterisierungen zu treffen, so müßte man ihn als einen präödipal fixierten Typus darstellen. Bei ihm, so würde das Gutachten sagen, dominiert ein analer Dualismus, der im Objektbezug nur die Alternative Gottheit und Scheiße kennt – dies alles, wie üblich, aufsitzend auf einem malignen narzißtischen Syndrom.

Hieran schließt eine zweite Bemerkung an: Eben weil der Männer-Typus, der im Aktions-Film à la Arnold und James verhandelt wird, aus präödipalem Stoff gemacht ist, kann er ohne eine Hintergrundfigur, die ihn nach vorne schickt, nicht sein. Daher ist der Terminator der psychologische Vasall eines Herrn und Senders, der ihm eine Mission einprogrammiert hat wie einem vollautomatischen Jesuiten.

Arnold rückt vor als die Synthese aus Achilles und Jesus: Vom ersten hat er die Montur, vom letzten das Tempo. Denn es gehört seit der Zeitenwende zum Stil weltrettender Aktionen, daß sie ohne Zögern und in Höchstgeschwindigkeit vollzogen werden müssen, der Evangelist Markus schreibt: *euthys*, auf der Stelle, sofort, unverzüglich, stracks[1], von jedem Punkt Galiläas aus in Luftlinie zum himmlischen Ziel.

Deswegen ist TERMINATOR 2 auch eine mediengeschichtliche Landmarke, nicht weil das Medium Film darin einige technisch avancierte Register zieht, sondern weil das Medium Gottes, der Gesandte, der Mann in Mission, hier in einem neuen Aggregatzustand erscheint – eine angelische Maschine, einem Erzengel gleich, der vom Schwert auf zeitgemäßere Waffensysteme umgerüstet hat. Arnold ist der moderne Christophorus, der den Menschheitsretter durch die Welt wie durch ein Schlachtfeld hindurchträgt.

Ein drittes kurzes Wort über die Senderin hinter dem Sender. Wer TERMINATOR 2 gesehen hat, mag sich über alles mögliche im unklaren sein – zum Beispiel über die Frage, ob die Handlungslogik wirklich nur irrwitzig oder nicht doch folgerichtig ist. Über eines jedoch kann es kaum einen Zweifel geben: Der Film bietet eine Momentaufnahme von Zuständen in der matriarchalischen Traumfabrik der Vereinigten Staaten von Amerika. Er ist ein Dokument der mutterreligiösen Agitation, die nicht erst seit heute, sondern – mehr

1 Zum Motiv der Eile bei Jesus vgl.: Hans Conrad Zander, *Ecce Jesus. Ein Anschlag gegen den neuen religiösen Kitsch.* Reinbek bei Hamburg: Rowohlt, 1992. S. 27–62.

oder weniger unbemerkt – seit 1967 die westliche Hemisphäre überschwemmt.

Der Film tut also etwas sehr Zeitgemäßes – wofür auf einer anderen Bühne Madonna Megastar ihre eigene Formel gefunden hat: Er widmet sich der Kreation eines protestantischen Madonnen-Bildes. Der eigentliche Held der Geschichte ist natürlich, man ahnt es längst, weder Arnold-Terminator, der Edelkämpfer, noch der niedliche John Connor, der designierte Weltretter und Widerständler gegen die Maschinen. In struktureller Sicht ist die Heldin der Erzählkonstruktion die Mutter Johns. Sie ist es, die der atomkriegsbedrohten Welt das Heil in Sohnes-Gestalt geschenkt hat. Was James Cameron gemeinsam mit Linda Hamilton kreieren mußte, war nicht weniger als das Design einer Muttergottes, die Simone de Beauvoir und Kate Millet gelesen hat.

Dies gelang den Urhebern dieses wahrhaft evangelischen Projekts, indem sie die katholische Imago der milch- und huldreichen Himmelsmutter zeitgenössisch travestierten. Sie verkleinerten ihre Brust, ersetzten das brennende Herz durch eine Schieß-Ausbildung, übersetzten das Dolorosa-Motiv in Psychiatrisierung und strichen den Joseph aus der Szene. Selbst ein verzichtender Mann an der Seite der neuen Muttergottes hätte die kühle Linie amazonischer Perfektion gestört. Und so tut sich im Personal des zweiten TERMINATOR-Films eine Welt wundersamer Männerlosigkeit auf – im Zentrum belebt von einer amazonischen Matrone mit ihrem vaterlosen Knaben, in der Peripherie bevölkert von Cyborgs und abknallbaren männlichen Statisten.

Das Zentrum des Zentrums bleibt der protestantisch aufgeladene Mutterschoß, der sich als Herd der Sendung und des Gesandten zugleich behauptet. Während beim Jesus der kanonischen Evangelien noch eine Arbeitsteilung vorlag, wonach das körperliche Sein von der Mutter, der Sinn vom überweltlichen Vater stammte, ist in der Apokalypse nach Cameron alles in die Mutter verlegt: Sein und Sinn haben ihren Schnittpunkt im Uterus der amerikanischen Neuen

Frau. Sie überkreuzen und begegnen sich dort nicht nur, sondern sie entstehen in ihm ursprünglich und strahlen von ihm aus wie Götterfunken aus dem Pleroma. In diesem Feminismus haben sich Bauch und Geist zusammengetan, um zu verkünden, daß Nuklearismus das letzte Wort der Männerwelt bedeutet, während die autonome Weiblichkeit Erlösung durch alt-neue Bio-Religion bringt. Daher ist TERMINATOR 2 zu lesen als symptomatische Nachricht über Prozesse im Imaginären des perfektesten Matriarchats der Welt, der Vereinigten Futter-und-Mutter-Staaten von Amerika.

Ich verzichte darauf, diese Beobachtungen mit der Person Arnolds zu verknüpfen, und sage nichts weiter über seinen Kult um Aurelia Schwarzenegger, die Heldenmutter, die die Sendung des größten lebenden Österreichers von wer weiß woher leitet. Man ahnt immerhin, die Überschwemmung des Westens mit Bildern und Zeichen könnte ein Element des kapitalistischen Matriarchats sein, das alle konsumieren heißt, damit sie von der Herrlichkeit der »Großen-Mutter-Firma« Meldung machen. Vielleicht schlägt in der Welle des Gewaltbilderkonsums ein Aspekt der Wahrheit über die oralen Imperien der Modernität hindurch, die Ernest Gellner treffend die »glaubenlose Konsumenten-Internationale« genannt hat.

Eine vierte Bemerkung, als letzte, soll dem modernisierten Cyborg gelten, dem in diesem Film der Tötungsauftrag zufällt. Er ist die Figur, die in die Cameronsche Kino-Wagner-Oper als einzige eine neue, unheimliche, nahezu transzendente Dimension einführt. Ein morphoplastisches System aus intelligentem Flüssigstahl liegt diesem tödlichen Akteur zugrunde – eine Vision aus dem neuen Jenseits von Geist und Materie.

Mit Blick auf diese Gestalt läßt sich sagen, daß, wer den zweiten TERMINATOR kennt, das Glitzern im Auge des zeitgenössischen Zyklons gesehen hat. Schon jetzt ist Arnold nur noch historisch interessant, ein Kuriosum aus der Zeit der stoischen Rabauken. Die Zukunft, daran ist kein Zweifel, gehört seinem verwandlungsfähigen Gegen-spieler.

Eine ganze Filmhandlung lang blieb Arnold stur er selbst, mehr oder weniger demoliert, eine alteuropäische Maschine als Variante der aristotelischen Substanz, die neuzeitlich als fundierendes Subjekt wiederholt werden sollte. Ganz anders der smarte Gegenspieler, der wie ein Lehrsatz über den Vor-rang der Funktion vor der Struktur über die Leinwand spukt. Längst kann er alles werden, was er sieht; ausgestattet mit einem autopoietischen Formprogramm, reorganisiert er sich aus jeder Zertrümmerung. Was ihn zu einer Erscheinung macht, ist seine Fähigkeit, sich mit allem zu vereinigen, was er vernichten will. Er ist selbstreflexiv wie ein hegelianischer Automat und selbstlos wie ein Buddha. In ihm ist Posthuma-nität vollendete Tatsache. Er ist die erste Maschine, die eine Mystikerin sein könnte. Um sie zu deprogrammieren, mußte man die Elemente selbst bemühen: Im letzten Moment erst löst sich der unzerstörbare Zerstörer im glühenden Kessel einer Stahlkocherei auf, dem einzigen Ort, wo die Umwand-lung des substantiellen Subjekts in das subjektlose Element noch gelingen kann. Was nicht mehr erschossen werden kann, kann nur noch eingeschmolzen werden.

Man meint physisch konkret zu sehen, wie über zweiein-halbtausend Jahre hinweg der Tod des Terminators den des Empedokles widerspiegelt. Nun sind auch Arnold und Pie-terzoon einsgeworden und lassen fröhlich aus dem Bottich grüßen. Im Blick des Eisenmannes im glühenden Kessel ver-rät sich keine Spur von Wahnsinn mehr, er fährt in den »Tod« wie in eine Garage.

Die Einschmelzung der Maschine Mensch läßt die letzte Gewaltlösung erahnen. Wer spürte nicht, daß künftige Wege der Auslöschung einer Trasse folgen könnten, die in den Schicksalen dieser Gewalt-Sendboten angelegt sind?

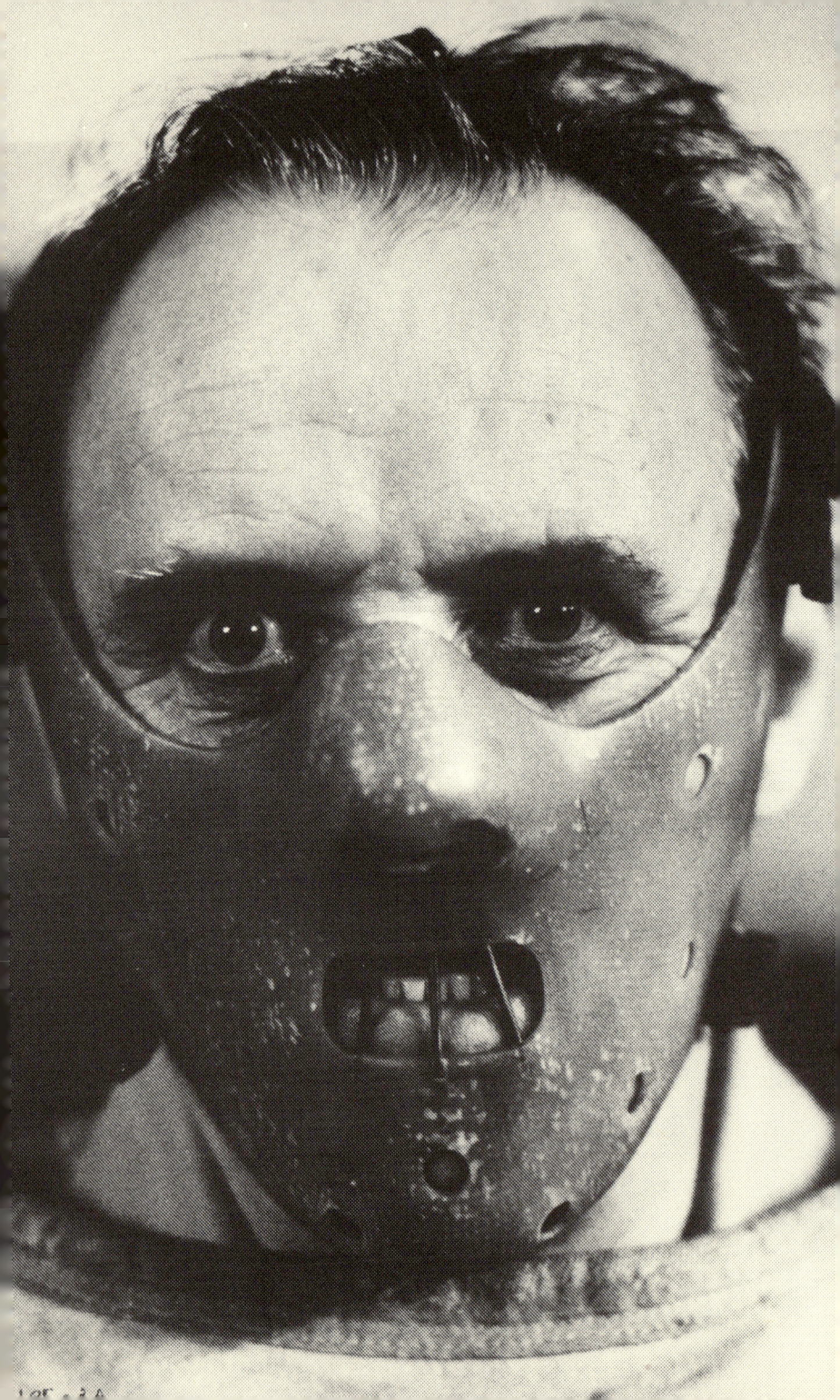

Klaus Theweleit

Sirenenschweigen, Polizistengesänge
Zu Jonathan Demmes »Das Schweigen der Lämmer«

... »wie in einem Horrorfilm«: spätherbstliche Bäume, blätterlos, Morgennebel im hügeligen Wald ... eine junge Frau, allein, keucht sich aus einer Mulde den Berg hoch ... wir sind auf einem Trimmpfad ... sie läuft auf uns zu ... jung, hübsch ... sie ist an uns vorbei ... Schnitt auf ihren Rücken ... Schnitt auf ihre Rennschuhe ... auf ihr Gesicht ... ein Klettergerüst kommt ins Bild ... sie überwindet es mit Leichtigkeit ... und nun wieder ihr Rücken. Mit unseren Augen, die ihr hinterhersehen, sieht auch ein Killer ihr zu (denken wir), der jeden Moment ins Bild brechen wird ... da kommt auch jemand ... ein Mann mit Baseball Cap läuft ins Bild ... er ruft einen Namen ... »*Starling!*« ... er kennt sie ... sie soll ins Büro des Chefs kommen ... er dreht sich zu uns um ... FBI steht groß auf seiner Mütze ... sie war nicht in Gefahr ... nicht eine Sekunde ... eine Täuschung ... wir sind auf Polizeigelände die ganze Zeit. *Quantico, Virginia*, stand anfangs im Bild wie eine Tatortangabe: Sitz der FBI-Akademie mit der »Abteilung zur Aufklärung von Mordserien auf der Basis der Verhaltensforschung«. Wir können das nicht wissen – außer wir haben den Roman *Das Schweigen der Lämmer* von Thomas Harris gelesen, an dessen Ortsangaben und Personennamen sich der Film von Jonathan Demme exakt hält; er hält sich auch ziemlich genau an die Grundzüge von dessen ausgeklügelter Story.
Die Akademieschülerin Clarice Starling, ihr Vater war auch Polizist (erschossen bei einem Bagatelleinsatz), hat ihr morgendliches Körpertraining hinter sich. HURT, AGONY, PAIN, LOVE – IT steht in Großbuchstaben auf 4 Holztafeln am Ende des Trimmkurses: das Körperprogramm nicht nur für die joggenden Jungpolizisten, sondern, wie sich herausstellen wird, das Stufenprogramm des Films, der vor uns

liegt: durch Schmerz, Krankheit, Qual kommt man – »zur Liebe«? Nein, aber dazu zu sagen: ich liebe es ... die Schmerzen, die Zusammenbrüche, die Qualen eines Aufstiegs ...

Hier war keine Gefahr ... aber genau das Keuchen und Stöhnen ihres Laufs werden wir wiederhören am Ende des Films ... wir werden auf sie sehen mit den Augen des Killers ... durch eine Art Nachtfernrohr ... sie, gefangen in der Ecke eines dunklen Zimmers, die FBI-Pistole hilflos vor sich hinschwenkend wie einen Fühler ... ein krankes, gefangenes Insekt kurz vorm Zerdrücktwerden ...

Ich habe DAS SCHWEIGEN DER LÄMMER nicht ganz freiwillig gesehen das erste Mal. Einmal weil mir das Serienkillerwesen im Kino und in allen Gazetten auf den Geist ging in seiner Überbietungswut: mehr und immer fiesere Abschlachtungen, unter fünf beginnen wir gar nicht mehr zu zählen bei den Morden, Mord reicht dann nicht mehr, es muß Häutung sein, es muß Kannibalismus mit rein und das Monster muß intelligent sein und auch irgendwie attraktiv, sonst juckt es keinen Hund mehr hinterm Ofen vor ... sonst lockt es keinen Griff-zum-Verbotenen-Jugendlichen in die Videothek ... fürs Videothekenwesen gemachter Abräumfilm für erfahrungslose Jugendliche (schätzte ich etwa) ... »neuer Hitchcock«, »Film des Jahrzehnts« schrieben *Tempo* oder *Wiener* ... 55 Wochen im Kino in einer kleinen Stadt wie Freiburg ... 5 Oscars obendrauf ... die Jugendlichen, die ich kenne, schwärmten ... irgendwann bin ich also rein zum Angeschlossenwerden ans Laufende ...

7 Arten, einen Film zu beschreiben

Man kann DAS SCHWEIGEN DER LÄMMER auf mehrere Arten erzählen. Version 1: ein sensationsgeiler, greller Film über zwei Serienkiller, basierend auf »tatsächlichen Serienmorden in den USA«, und eine junge, unschuldige Polizeischülerin. Der eine Killer sitzt im Knast, der andere ist draußen bei der Arbeit. Der oberste Serienkillerforscher des FBI hat eine blendende Idee: er setzt eine attraktive, intelligente Polizeinovizin auf den im Knast sitzenden Killer an, den ehemaligen Psychiater Dr. Hannibal Lecter/Anthony Hopkins – genannt *Hannibal the Cannibal* –, der den Killer »draußen« vermutlich kennt, der aber mit normalen (= blöden) Polizisten nicht spricht. Er spricht aber mit der unschuldigen Schönen. Als die Schöne und das Biest sitzen sie auf ihrer jeweiligen Seite des Gitters oder der sie trennenden Glaswand und beginnen ihr kriminalistisches Pingpong, auf daß sie dem Dämon das Geheimnis des noch umgehenden Killers entlocke: ein Thriller zwischen »Unschuld« und »höchster Verdorbenheit«. Zwar, Hannibal der Kannibale aß seine Opfer, während Buffalo Bill, das ist der noch tätige, seinen Opfern nur die Haut abzieht, bevor er sie in einen Fluß wirft, aber es stellt sich heraus, daß der eingesperrte Killer den noch Mordenden tatsächlich kennt; er beginnt, mit seinem Wissen ein Spiel zu treiben, ein Spiel um die eigene Freiheit ...

Ein Überbietungsfilm ... das an den Rändern des *mainstream*-Kino noch machbare Non plus Ultra des Angriffs auf unsere zarten Seelen ...

In dieser Erzählung klingt eine zweite schon an: beide Killer sind »Psychopathen«. Man kann den Film auch erzählen als Psychiatriefilm: wie jeder Polizeinovize und Kinogänger weiß, sind »Serientäter« untereinander »verwandt«. Es wird Querverbindungen geben, psychische Übereinstimmungen, Affinitäten oder Abstoßungen. Es ergeben sich Dialoge wie dieser:

LECTER Billy ist kein richtiger Transsexueller. Aber er glaubt es und versucht einer zu sein, verstehen Sie? Er hat versucht, alles mögliche zu sein. (...) Es gibt drei Hauptzentren für Geschlechtsumwamdlungen, John Hopkins, die Universitätsklinik in Minnesota und das Columbus

Hospital. Ich wäre nicht überrascht, wenn Billy in einem oder in allen dreien um eine Geschlechtsumwandlung ersucht hätte, aber abgelehnt worden wäre.

STARLING Mit welcher Begründung dürften die ihn ablehnen?

LECTER Suchen Sie nach schwerer Verhaltensstörung in der Kindheit in Verbindung mit Gewalt. Unser Billy ist nicht als Verbrecher geboren, Clarice, er wurde durch jahrelange systematische Mißhandlung dazu gemacht. Billy haßt die eigene Identität, verstehen Sie? Und er denkt, das mache ihn zu einem Transsexuellen. Aber seine pathologische Veranlagung ist tausendmal grausamer und erschreckender.«

Nicht gerade einladend; wie zugeschnitten auf »ahnungslose Jugendliche« mit ihren merkwürdigen Vorstellungen von »Psychiatrie«, denke ich.[1] »Agentin Starling«, wie sie im Film genannt wird, bekommt tatsächlich Hinweise auf Psychostruktur und dann auf den Wohnort des Psychokillers von Hannibal Lecter. Um an diese Informationen zu kommen, muß sie sich auf eine Art Psychoflirt mit dem Monster einlassen, dem »symphatischen« Monster, Flirt überm Abgrund, in den sie auch beinahe stürzt.

In dieser Version ist es ein Film, der alles Psychiatrische dämonisiert, der uns in eine mittelalterliche bzw. schrebersche Psychiatriewelt einführt ... so werden doch keine Patienten gehalten, entfährt es (empört) jedem Mund, der sich ein bißchen im Innern von psychiatrischen Anstalten auskennt ... eine perfekte Vertreibung aus dem Kino all jener, die »so einen Unsinn« unter keinen Umständen freiwillig ansehen und überhaupt nicht aushalten können. Das war aber, den Zuschauerzahlen des Films nach, eine (einkalkulierte) Minderheit; eine Mehrheit zeigte sich magnetisiert.

1 Der Roman von Thomas Harris formuliert solche Passagen ausführlicher und exakter. Lecter erscheint dabei als kundigerer Fachmann gegenüber den Verhaltenstherapeuten (»veröffentlicht in Fachzeitschriften«; Chilton, der Chefpsychiater, der ihn eingesperrt hält, nicht; »zu dumm«.)

Publikumsmehrheiten sind keine Blöcke, sondern zusammengesetzt aus Untergruppen. Der Großgruppe derer, die im Fernsehen die unentwegten Polizeiserien anschauen, erzählt sich DAS SCHWEIGEN DER LÄMMER über weite Strecken als Polizeiserienfilm. Das Ambiente des Films, soweit er nicht im »Psychopathischen« spielt, ist gediegen polizistisch. Die junge Polizistin entfaltet sich zur kompetenten Fall-Löserin ... es gibt die gut geölten Polizeiaktionen, die Sprechfunkerei, Ambulanzen, eine großangelegte Präzisionsrazzia auf ein Verbrecherhaus (mit einem allerdings überraschenden Ausgang). Wir sehen die Polizeifrau ausgiebig in dieser polizistischen Schießhaltung, die man Weaver-Position nennt, – beide Hände am Pistolengriff, die Arme vorgestreckt, den Rücken sichernd an einer Wand, etc. Der Chefpolizist in Zivil, Jack Crawford/Glenn Scott, oberster Serienmordforscher des FBI, entpuppt sich als neuer und sogar besserer Vater ... sie wird zu seiner »Assistentin« ... die Gesichter immer groß ... Schuß ... Gegenschuß. Zum Schluß des Films erhält die Schülerin das Objekt ihrer Begierde, einen nagelneuen wunderschönen FBI-Ausweis als »Sonderagentin« Starling, sie hat es geschafft, glücklich lächelt ihre beste Freundin im Publikum, eine schwarze Polizistin, und nun wird zur Feier des Tages die auf dem Tisch aufgebaute Polizeitorte angeschnitten, daß etwas Süßes in die Polizeimägen kommt. TV-Serie.

... aber nicht nur: das verschwitzte Shirt, in dem Starling Darling unter den Blicken von lauter Polizistenmännern nach ihrem Waldlauf sich im Fahrstuhl findet, gäbe es in der sauberen Serie nicht ... auch nicht den Moment, in dem Starling, noch allein im Büro, ihre Blicke über die Wand hinter dem Chefschreibtisch wandern läßt: Bilder toter Frauen hängen da, Polaroidfotos, und ein Zeitungsausschnitt mit der Schlagzeile: BILL SKINS FIFTH, »Bill häutet die Fünfte« ... dazu eine Streichermusik, die (wie später mehrmals im Film) an die Musik von Bernard Hermann in Hitchcocks VERTIGO angelehnt scheint ... eine Entführung in ungeklärte Vergangenheit ...

In dieser Beschreibung deutet sich eine vierte an: von »entfalten« und »entpuppen« war die Rede; man kommt um solche Wörter nicht herum, denn es verpuppt, es entpuppt, es brütet, es schwirrt, es flattert, faltet und entfaltet sich unentwegt in diesem Film: er läßt sich, Version 4, erzählen als eine insektologische Großstudie von menschlichen Wachstums- oder Verkümmerungsvorgängen. So erzählt, endet der Film mit der Konfiguration, mit der Kafkas Erzählung *Die Verwandlung* beginnt: eine Art Mensch, der es aus verschiedenen Gründen nicht gelang, ganz und wirklich Mensch zu werden, verwandelt sich in ein Insekt, anders als Gregor Samsa in ein mordendes allerdings, und liegt am Ende als Riesenkäfer, mitleiderregend, tot auf dem Rücken in seinem Bau. Er hat, als Käfer, 6 Frauen getötet und gehäutet, da es ihm nicht gelungen ist, mit der ersten von ihnen, einem ausgewachsenen schönen Schmetterling, die ersehnte Liebe zu machen; er züchtet seitdem die Raupen und Kokons eines beinah schwarzen, fettleibigen Nachtfalters namens »Acherontea Styx«, dessen Kokons er den jeweils getöteten Frauen in den Rachen steckt, bevor er sie in fließende Gewässer, bevor er sie in den River Styx also, wirft, den unausgeschlüpften Schmetterling als den Fährmann Charon im Halse.

Die Frauen selber, es ist immer »dasselbe Modell«, nämlich die Wiederholung des Urschmetterlings, werden von ihm einige Tage, wie Larven, in einem Erdloch gefangengehalten, wo sie etwas abmagern, ehe er sie ihrer finalen Verwandlung, ihrer »Entpuppung« zuführt: ehe er sie »häutet«, um sich aus Teilen ihrer Haut für sich selbst ein Frauenkleid zu nähen, die Frauenhaut, die ihm selbst nicht gewachsen ist und die ihm auch nicht wächst. Dies Großinsekt Jame Gumb weiß nicht, ist »er« Mann oder Frau, Tier oder Mensch – seine gefangenen Frauen redet »er« mit »es« an – er selber kann nicht ausschlüpfen in eine Schmetterlingsgestalt, hoffnungslos insektisch verpuppt ... deshalb muß »es« töten.

Zu »Schmetterlingen« werden andere im Film. Die junge

Polizistin Starling, ihrer eigenen Sexualität ebenfalls unsicher (sie war 10, als ihr Vater getötet wurde; von ihrer Mutter ist keine Rede), entpuppt und entfaltet sich zu einer immer klügeren, immer schöneren, immer mutigeren Frau, die den Killer schließlich allein zur Strecke bringt, allerdings nicht »einfach so«, sondern unter ungeheuren Durchbruchsqualen, Ausbruchsqualen aus ihrem Kokon: dem Kokon einer schrecklichen Kindheitsgeschichte, der sie genauso umgibt, wie den Killer: es gibt da einen Haufen unverarbeiteter »schreiender Lämmer«, die Lämmer, die man zu Ostern schlachtet/opfert. Starling fühlt sich für sie verantwortlich. Sie verlangt von sich, wenigstens eines von ihnen gerettet haben zu sollen in dieser Kindheitssituation. Wenigstens eines, sonst wird man nicht »Mensch«. Immerfort in ihren Träumen gibt es »das schreiende Lamm«; sie möchte es zum Schweigen bringen durch »Rettung« ... in der jungen Polizistin steckt die Vorstufe zu einer Jesusfigur ... Erlösungsglanz ist um ihre glyzeringetränkten Augen ...

Der Killer entpuppt sich, im Parallelschritt, als begieriger Kindheitsforscher. Die Dialoge zwischen Starling und Lecter springen ständig hin und her zwischen aktueller Lösung des Falles »Bill Skins Fifth« (= »das Muster finden«) und der Kindheit von Clarice: deren Muster finden, die Schmetterlingsmuster ihres Unbewußten.

Die Durchbruchsqual auf dem Weg von einem »Lamm Gottes« zu einer »Erlöserin« (des Weltlamms) spiegelt sich den ganzen Film über in Clarice Starlings/Jody Fosters Gesicht. Demmes Film unterzieht dieses Gesicht einer anhaltenden subtilen oder auch offen grausamen Folter. Von beiden Männern wird sie gequält, von ihrem Chef in ihre Rolle als Starpolizistin (Karrierefrau) hinein, vom Killer-Psychiater in ihre Kindheitsgeschichte – »Selbstgeburts-Qualen«. Am Ende des Films sehen wir sie beinahe drei Minuten lang vor Angst stöhnend und keuchend, vor den Augen und mit den Augen des Käfermonsters zappeln. Das Nachtsichtgerät, das er trägt, sieht aus wie eine der Videobrillen zum Eintritt in die *virtual realities*; es gibt ihm tatsächlich das Aussehen eines Rieseninsekts. Der Film selber »verwandelt« sich in diesem Moment, er nimmt den Blick durch dies Insektenfernrohr an: wir sehen die Polizistin, ganz in Grün getaucht, mit den begehrenden/töten wollenden Augen des Killerinsekts, wir sehen seine Hand im Dunkeln zu ihr hintasten, halb Zugriffs-, halb Streichelbewegung, ehe er »den Fehler« macht, vorm finalen Schuß den Hahn seiner Waffe knacken zu lassen, ein Geräusch, das ihr (als ausgebildeter guter Polizeischützin) reicht, die Richtung erahnen zu lassen, in der er sich befindet und mit sechs blitzenden Schüssen im Dunkeln streckt sie ihn nieder: Schüssen, die auch das elektrische Licht im Raum mit einem Schlage wieder angehen lassen, ohne daß Schalter betätigt worden wären (eine Luke ist getroffen worden und »aufgesprungen«). Wir sehen, wir befinden uns in einem Film mit Wundern und Verwandlungen, Entpuppungen, Transsubstantiationen ... im Reich der Metamorphosen, in dem nicht die Gesetze räumlicher und zeitlicher Logik herrschen, sondern die Gesetze der Verwandlungslogik im menschlichen Insektenleben. Es geht nicht simpel um »gehäutete Frauen« von Serienkillern, es geht um die Schmerzen und Häutungen beim Schmetterling werden, wir sind im mythischen Geburts- und Wiedergeburtskino.

Meinem »skeptischen« und auch vor-eingestellten Blick waren nur die ersten drei Filmarten sichtbar beim ersten Sehen: der Serienmörderfilm, der Psychiatriefilm, der Polizeifilm. Einer der Gründe für die Beliebtheit des Films bei Jugendlichen dürfte aber gerade in den Entpuppungen liegen: darin, daß er eine studentische Ausbildungssituation (die einer Frau auf einer Polizeiakademie) mit den sexuellen Verwandlungen (»Ausbildungen«, »Mißbildungen«) der Personen des Films parallelisiert, und damit berufliches und sexuelles Werden und Ausschlüpfen eng miteinander verschlingt; das wäre die fünfte Art, den Film zu erzählen, als eine Art Bildungsroman vom Wachsen des institutionellen wie des privaten Körpers eines jungen Menschen in der Ausbildung, heraus aus den niederziehenden Surroundings eines ländlichen Amerika. Film von den Kicks, von den Bedrohungen, den Überforderungen dieses Wegs für diese Studentin, die offensichtlich eine »Nr.1« werden will: »Sie sind vom Ehrgeiz zerfressen«, diagnostiziert richtig der Psychiater/Kannibale, der sie »versteht«, d.h., der ihre Übergangssituation erfaßt und sich mit ihr verkoppelt, um ein eigenes Stück Verwandlung in Gang zu bringen: er wird der zweite große Verwandlungsgewinner des Films sein, aufgeflogen als eine Art böser Engel in die Freiheit des Weiterfressens/Weiterwachsens, aus dem das Artistische der Menschen kommt.

Ein menschenfressender Künstler und eine gestählte Polizistin sind das sich entpuppende Fernliebespaar dieses Entwicklungsromans – das ist gar nicht so unwitzig; es liegt allerdings ein ziemlich kühler, ein durch und durch un-optimistischer Blick auf die Welt darin; gerade das macht den Erfolg des Films so interessant: deutet er womöglich auf die Existenz eines kühlen, illusionslosen aber verwandlungsbereiten Publikums im Zuschauerraum hin – unsere »Kinder«, die Generation der 18-25-Jährigen in den halb-insektischen Stadien und Trancen des Ausschlüpfens in ihre gesellschaftlichen und sexuellen Identitäten? Ich denke, ja, zu einem großen Teil, ja.

Version 6 finden wir vorgetragen von Heinrich Niewöhner in *Lettre International*. Der Kunsthistoriker Niewöhner fährt, wie es sich gehört für einen anständigen Absolventen der Aby-Warburg-Polizei-Akademie, das Arsenal der gnostisch-mythologischen Emblematiken auf, um DAS SCHWEIGEN DER LÄMMER zu lesen als – so der Titel seines Aufsatzes – *Mythisches Perpetuum Mobile*. Billy, das transsexuelle »Götterwesen«, ist (wenn man die passenden mythologischen Quellen nimmt) als Dionysos identisch mit dem Unterweltgott Hades. Im Verschieben der emblematischen Konfigurationen erscheinen Lecter, Billy und Clarice Starling mal als »demiurgische Vater-, dionysische Sohnes- und apollinische Tochtergestalt« ... wieder etwas anders beleuchtet ist Clarice Starling Johannes der Täufer und im Kannibalen Lecter west etwas Jesushaftes ... sowieso wird da ein Bulle gekreuzigt von Hannibal Lecter im Film ... »Gekreuzigter Wachmann und Theodizee« heißt der Abschnitt bei Niewöhner ... oder (bezogen auf den abgeschnittenen Männerkopf, den die Täuferin Clarice an einem von Lecter bezeichneten Tatort vorfindet): »Mit den Ingredienzien „Frauenkleider", „abgetrenntes Haupt" und „Begehren" ist hier d i e Sex-and-Crime-Geschichte christlicher Überlieferung schlechthin angepeilt, die der Enthauptung des Täufers aufgrund des von Herodias angeregten Wunsches der Salome ...«

Im Film selber ist dieser Fundort des Kopfs bezeichnet mit »Self Storage«: eine abgedunkelte Lagerhalle, in der etwas eingelagert ist (bzw. man selbst) zur Reifung der auszuschlüpfenden Substanz.

Ich fand diese Sicht, obwohl mir das Warburgsche Denken nicht unvertraut ist, zuerst etwas absurd; »Oh Gott, jetzt gehen auch die Kunsthistoriker ins Kino und was sehen sie da? Sie machen die Augen zu, und sehen, was sie im Kopf schon immer haben. Was sie im Kopf haben, ist zwar beachtlich: von der frühgriechischen über die jüdische weiter zu allen christlich/heidnischen Renaissance-Konfigurationen ist alles drin im Kopf, aber ist es auch im Film? Oder legt nur ein weiteres (diesmal hochgebildetes Universitätsinsekt) sein Facettenauge über das Gesehene und sagt: Das ists, was zu sehen ist. Und: Seid ihr denn blind?

Der Witz ist: es ist zu sehen und zwar, weil Demme es tatsächlich hineingetan hat. Nicht in der Dominanz, in der es dem Kunsthistoriker mit dem Warburg-Auge erscheint. Ein sog. »normaler Betrachter« wird womöglich nichts davon sehen, ohne darauf hingewiesen worden zu sein, und vielleicht auch dann nicht. Aber genau das ist das Konstruktionsprinzip des Films. Er arbeitet seine 6, 7 oder mehr Ebenen zielsicher durch, der perverse Gewaltglotzer bekommt seinen Film ebenso wie der Polizeiseriengucker und die Horrorfilm-Verspeiser ... der Entwicklungspsychologe bekommt seinen Film wie der Insektenforscher, wie der Spezialist für Initiationsriten und der Sammler von »Bildtypologien« ... der/die Jugendliche, die in ihrem sich entpuppenden Leib stecken und noch nicht wissen, als wer oder was sie da herauskommen werden, bekommen ihren Film ... die sadistischen Gemüter, denen es zwei Stunden gut geht, wenn ein unschuldiges Frauengesicht auf der Leinwand gequält wird, werden bedient und wer hauptsächlich auf suspense aus ist, dem wird die Beziehung zwischen dem abgebrühten Menschenfresser und der klösterlichen Polizeinovizin das seine oder das ihrige geben, nämlich: führt er sie hinters Licht, führt er sie ins Licht oder verführt er sie sogar in eine Verliebtheit, haben wir zwei Ebenbürtige am Ende? Alle diese Filme sind vorhanden und zu sehen, mit großer Mühe und auch Virtuosität ineinanderverflochten, »eine beachtliche Ingenieursarbeit das Ganze«, formuliert, eher bewundernd, einer meiner Freunde.

Das wäre eine mögliche »Erklärung« für den Erfolg des Films, sein durchkonstruiertes Vorgehen auf sechs, sieben Genre-Ebenen, das von »sehr primitiv« bis zu »sehr raffiniert« reicht. Mit anderen Worten: die Metamorphose, von der der Film handelt, beschreibt auch seine eigene Gestalt; er verwandelt sich permanent vor unserem Auge von Filmart zu Filmart. Er ist (wenn auch kühl) verliebt in seine sich verwandelnden Oberflächen, seinen Metamorphosenkörper, dem ich noch etwas folgen will, bevor ich auf die Serientäter/das Serielle komme – ein weiteres Charakteristikum dieses Films, sowie heutiger Filme, Verbrechen und Kunstwerke überhaupt.

Verwandlungsfilm

Am Punkt des Einstiegs in die »Metamorphosen« entscheidet sich, glaube ich, ob jemand diesen Film einfach nur sensationell bzw. »ekelhaft« finden, oder beim Sehen vom Komplex »Töten von Menschen« ab-sehen kann zugunsten des Komplexes »menschliches Wachstum durch Transformation und Personenverzehr«.
Ins kriminalistische Ermittlungsspiel kommt das Thema Metamorphose durch den Schmetterlingskokon, den Clarice Starling bei der gerichtsmedizinischen Obduktion im Hals eines der Opfer von Buffalo Bill entdeckt (Polaroidfoto). Sie sucht mit diesem Kokon die Insektenforscher Pilcher und Roden vom Smithsonian auf. Sie findet die beiden über ein Schachbrett gebeugt, auf dem sie Wettrennen mit Käfern veranstalten. Demme zeigt die beiden als etwas verrückt, selbst insektoid, während sie den Kokon untersuchen.

Dialog:
RODEN *schneidet in den Kokon und erkennt eine Struktur ...*
    darf ich Ihnen Mr. Acherontea Styx vorstellen ... besser
    seinen Freunden als »Totenkopf« bekannt.
S. Wissen Sie, wo er herstammt?
R. Vielleicht aus Afrika oder Java.
S. Weit her ...
R. Bei uns müssen sie auf spezielle Art aus importierten
    Eiern aufgezogen werden. Jemand hat den Kleinen aufgepäppelt ... fütterte ihn mit Honig ... spendete ihm Nachtschatten ... hielt ihn warm. Jemand liebte ihn ...

Das ist die Beschreibung »der Liebe« des Killers Buffalo Bill. Er züchtet diesen Nachtfalter, der zwischen dem Hades und den Bereichen der Lebenden hin- und herwechselt über den schwarzen Fluß, im fachkundig beheizten Keller seines Hauses, einem botanischen Garten des Todes. Man versteht nachträglich, warum Lecter den abgeschnittenen Kopf, den

Starling im »Self Storage« Shop fand, als »erste Bemühungen eines flügge gewordenen Mörders zur Transformation« bezeichnete ... warum er sie mit den Worten »Zurück auf deine Schulbank, Agentin Starling, Flieg, flieg, flieg«, verabschiedete am Schluß der ersten Begegnung. Alle sind insektisch; die interessanteren aber sind Insektenforscher. Im Roman wird der schwarze Falter zusätzlich definiert als ein Wesen, das »von Salzhaltigem lebt«. Starling, melancholisch, erkennt ihre Arbeit: »Über diese sonderbare Welt, diese Hälfte der Welt, die nun im Dunkel liegt, muß ich ein Ding jagen, das von Tränen lebt.« Sie muß es »jagen«, um selbst schlüpfen zu können.

Die botanische Atmosphäre des Ausbrütens gab es schon bei Starlings erstem Besuch bei Lecter: es geht »nach unten« in der Anstalt, mehrere Trakts werden durchschritten bis man ankommt in einer Sphäre infraroten Lichts ... man hat das Gefühl, ein Treibhaus wird betreten ... Treibhaus für Triebtäter ...

Lecter/Starling über den Kokonfund im Hals der Wasserleiche:

S. Ihr ist vorsätzlich etwas in die Kehle eingeführt worden. Es ist bisher nicht veröffentlicht worden. Wir wissen nicht, was das bedeutet.

L. Ein Schmetterling?

S. Ja, ein Schwärmer. Und genau der gleiche, wie wir ihn vor einer Stunde in Benjamin Raspails Kopf vorgefunden haben. Wieso plaziert er soetwas dort, Doktor?

L. Die große Bedeutung des Schmetterlings liegt in der Metamorphose. Die Larve, bzw. Raupe wird zur Puppe, die sich nunmehr in Schönheit verwandelt. Unser Billy will sich auch verwandeln.(...)

S. Es ist kein Zusammenhang in der Literatur zwischen Transsexualismus und Gewalt zu finden. Transsexuelle sind betont passiv.

L. Kluges Mädchen ...

Die Insektentransformationsspur verschwindet nun nicht mehr aus dem Film, sie ergreift mit Macht seine Hauptfiguren: Hannibal Lecter wird (zur Verlegung nach Memphis) eine Art eiserner Maulkorb angelegt, dann eine Maske, die nur ein vergittertes Loch vor dem Mund offenhält; wir haben die Wahl, es zu sehen als »mittelalterliche Psychiatrie«, als die schreberschen Kopfhaltungsgestelle in amerikanischer Anwendung, »fürchterlich« (eine »Hockeymaske«, sagt das Buch) – oder als die beginnende Verpuppung von Hannibal Lecter, der auf dem Weg ist zu seinem nächsten großen Biß in den Kokon, aus dem er sich schälen wird als »freier Mann«: es wird ein Biß in eine Polizistennase sein. Ginge es nur um »Kannibalismus«: so schlechten Geschmack würde man niemandem unterstellen, daß er seinen pathologischen Hunger an einem Polizeizinken befriedigte – alles spricht sehr für »Verwandlungssexualität«, Bisse, die hinausführen aus etwas. Auch der Käfig, aus dem Lecter ausbricht, sieht mehr nach Stadiumswechsel aus denn nach Einsperrungsgerät (er erinnert, mit der Zeitschrift POETRY auf dem Tisch und Bachs Goldberg-Variationen aus dem Kassettenrecorder, mächtig an den Poetenkäfig Ezra Pounds in Pisa 1945). Und eine Feinschmeckerzeitschrift liegt da: BON APPETIT, lesen wir, bevor Lecter zubeißt; und dann hängt da ein paar Sekunden später der große, schwere Bulle wie der Erzengel Gabriel selber aufgehängt und ausgeweidet hoch am Käfig ... ein riesiger, ans Gitter geklatschter Ikarus ... ins Licht geflogen und hängen geblieben ... viel eher eine Insektenhülle, aus der jemand gewaltsam ausgeschlüpft ist, als ein Bild des Gekreuzigten ... nein, der ist er nicht. Nicht alles, was im Tod die Flügel spreizt, ist gleich der »Gottessohn« ... aber Lecter, dem unentwegt die Nasenflügel beben vor lauter Häutung und Geruch, ist ein Reptil in der Verwandlung, kurz bevor Flügel aus seinem Körper brechen ...
Der Film wäre hier physisch unmöglich, wenn man ihn »realistisch« nimmt: nie hätte Lecter den Polizisten da hochhängen können, es sei denn, als selber fliegender Kran ... ihn ausweiden, dem anderen Polizisten die Gesichtshaut abzie-

hen, ihn auf dem Fahrstuhldach verstecken, die abgezogene Gesichtshaut sich selber überziehen, sich dessen Uniform anziehen etc. – spätestens ab hier verlangt Jonathan Demme uns selber als die Libelle, die mitfliegt durch das düstere Braun und Blau seines insektischen Alptraums, sonst bleiben wir zurück, selber eingesponnenen in einen womöglich polizistischen »Real-Blick«.[2]

Die Bildhintergründe im Film werden nun immer ornamentaler (die Teppichmuster) bzw. flugtierhafter ... im Haus des Mädchens, die Bills erstes Opfer war, Fredrica Bimmel, sehen wir ihren Vater vor einer Efeutapete stehen, deren Blätter schon fast Schmetterlingsform haben, dann geht Starling die Treppe hoch in ihr Zimmer ... Katzenmiauen auf der Schwelle führt sie einen Raum weiter ... das Nähzimmer von Fredrica Bimmel ... und hier, wo Starling Minuten später »die Lösung« des Ganzen aufgeht, steht sie wirklich vor einer Schmetterlingstapete, die da schon immer war ... Buffalo Bill hatte den ersten Frauen-Schmetterling gekannt, bevor er ihn tötete (tötete aus Unerreichbarkeit) ...

Starling, aufgeregt am Telefon: »Er fertigt sich ein Frauenkleid aus echten Frauen an, Mr. Crawford, und er kann nähen dieser Kerl, er ist unglaublich geschickt. Das ist ein Schneider oder ein Kostümbildner oder sowas. Deshalb müssen alle so üppig sein. Er läßt sie eine Weile am Leben, damit er sie aushungern kann ... «

... die Haut geht dann besser ab und ist geschmeidiger.

Spulen wir den Film zurück und sehen noch einmal den Anfang, entdecken wir: die Fotografie vom Bimmel-Haus hängt schon an der Wand als Polaroid in Crawfords Büro ... der Ort der Lösung, nach dem Starling den ganzen Film über auf der Suche ist ... »Bimmel, bimmel« machen die Glocken: die Väter wissen von vornherein, wohin ihre Töchter fliegen sollen. Starlings Ausschlüpfen ist Produkt einer kontrollierten Mann-Frau-Zusammenarbeit; Modell:

---

2 Thomas Harris im Roman streut zusätzlich literarische Insektizismen ein: »Manchmal erinnerte Crawfords Ton Starling an die besserwisserische Raupe bei Lewis Carroll« ...

Vater-Tochter-Coproduktion ... von drei Vätern geboren: einem einfachen Bullen (dem toten Vater), einem hohen FBI-Beamten und einem »menschenfressenden« Psychiater-Vater ...

Dieser, in seiner letzten Unterweisung:
LECTER Oberste Prinzipien, Clarice. Simplifikation. Lesen Sie bei Marc Aurel nach. Bei jedem einzelnen Ding die Frage, was ist es in sich selbst. Was ist seine Natur. Was tut er, dieser Mann, den sie suchen.
STARLING: Er tötet Frauen.
L. Nein. Das ist nebensächlich. Was ist das Vordringliche bei all seinem Tun, die Frage ist, welche Bedürfnisse er durch Töten befriedigt.
S. *polizeischülerinnenhaft* Abreaktion der Wut. Versuch gesellschaftlicher Anerkennung und Überwindung sexueller Frustrationen ...
L. Nein. Er begehrt. Das ist seine Natur. Und wie beginnen wir zu begehren, Clarice? (...) wir beginnen, das zu begehren, was wir jeden Tag sehen ...

Was wir »jeden Tag sehen« ist unsere schöne Aussicht; und so heißt der Ort, an dem das Urverbrechen geschah: Belvedere, Ohio, der Wohnort von Fredrica Bimmel; (wie Lecter die florentinischen Türme, die in seiner Zelle an der Wand hängen, gemalt hat mit »Blick vom Belvedere« aus dem Gedächtnis). Wir ertragen nicht, »was wir jeden Tag sehen«, es sei denn, es wächst uns zu und wir zeigen uns ihm gewachsen ... davon handelt DAS SCHWEIGEN DER LÄMMER ... bloß: die Menschen sind Insekten, einer nistet sich im andern ein und zerstört ihn beim Flügelspreizen ...
Einer der schönsten Absätze des Romans – Clarice Starling ist vor der Waschmaschine sitzend eingeschlafen; ihre Freundin Mapp findet sie dort – definiert als letzte friedliche Momente des menschlichen Lebens den Moment der Ruhe vor der Geburt:

Sie fand Starling im warmen Wäscheraum, beim Geruch von Bleichmittel, Seife und Weichspüler gegen das langsame Rumpel-Rumpel einer Waschmaschine andösend. Starling kam von der Psychologie – Mapp vom Recht –, dennoch war Mapp diejenige, die wußte, daß der Rhythmus der Waschmaschine wie ein großer Herzschlag war, und ihr Wasserrauschen war das, was die Ungeborenen hören – unsere letzte Erinnerung an den Frieden.

Wir werden geboren als Halbinsekten, und wenns hoch kommt, war »Mutter« eine gemütliche Waschmaschine. Der Film liefert die Bilder zu Andy Warhols Satz: Geboren werden ist wie gekidnapt werden und anschließend in die Sklaverei verkauft ...
In der Welt, in die man kommt, schreien »die Lämmer«, weil sie geschlachtet werden. Dies Geschrei abzustellen wenigstens in der Erinnerung ist die höchste Utopie darin. Keine Sirene singt in diesem Kino ... niemand braucht festgebunden zu werden am Mast ... man will da nicht hinein ... wie sonst in Kinoverführungen ... was lockt sind Polizistengesänge ... Aufstiegsgesumm ...

Oder hat Hannibal Lecter auch einen Gesang?

Wenn ja, ist es ein Chefgesang. Zwar macht der Film die Unterscheidung zwischen Polizisten (=Normale) und Nicht-Polizisten (=Perverse). Wichtiger aber ist die Unterscheidung in Chefs und Untertypen. Hannibal Lecter als Chefintellektueller ist okay und darf raus am Schluß, unter die Leute: Insektenessen. Billy, das »arme Schwein« (Nicht-Chef, Delinquent), kommt zu Tode und in die Insektensammlung. In dieser figurieren auch die einfachen Bullen, die gebissen oder rausgeschickt werden, wenn die »Stars« sich an die Arbeit machen. Das Leben ist Chefsache. Das entspricht so ziemlich der laufenden Hierarchisierung der Welt nach Mafiaregeln, und muß einem ganz schön auf den Magen schlagen, wenn man den Film nur auf dieser, auf der Ebene des »utopischen Polizeifilms« sieht.

Der Film selber webt Kokons für seine verschiedenen Arten
Zuschauer.

Man kann DAS SCHWEIGEN DER LÄMMER nicht erzählen
als Sexfilm. Sexualität zwischen den Figuren ist ausgespart;
es gibt mehrmals Anmache von Männern gegenüber Clarice
Starling. Sie wird jedesmal thematisiert und von ihr zurück-
gewiesen. Auch zwischen anderen Figuren gibt es keine Lie-
besbeziehungen. Der Film insgesamt handelt von einer
»bedrohten Sexualität«, von unentschiedener Sexualität, von
unentwickelter Sexualität, von Sexualität vor ihrer Ausdiffe-
renzierung in männlich/weiblich, in Single oder Paarwesen,
es ist ein eher puritanischer Film über unentwickeltes
Geschlecht, Geschlechtsunsicherheiten, Geschlechtsum-
wandlungen; auf der anderen Seite seiner Blutrünstigkeit
handelt er dabei von so etwas wie »sexueller Reinheit«. Alle
Sexualität in diesem Film zeigt sich entweder als Unberühr-
barkeit (bei der jungen Polizistin Starling), als unbeholfenes
Übergreifen in die »Sphäre Frau« (bei allen sog. Normal-
männern im Film) oder, bei den Killern, als umgewandelt in
Gewalt. Bei dem einen als intelligente Gewalt (=Kunst),
beim andern als verhindertes Begehren (»Umschlag in den
obsessiven Serienmord«). Die Herstellungsformel lautet
also nicht »Sex and Crime«, vielmehr führen verschiedene
Sorten crime einen fight untereinander aus, der um die
Herausbildung der »richtigen Sexualität« und einer »reinen
Haltung« bei den einzelnen Figuren geht. Lecter, der sein
Interesse an der Polizeiagentin, die ihm da in den Bau
geschickt wird, am Ende der ersten Unterredung schon
verloren zu haben schien, springt wieder an aufgrund einer
»Beschmutzung«, die Starling erfährt: einer der eingesperr-
ten Irren im Psychiatriekeller spritzt ihr durch sein Gitter
Sperma ins Gesicht. Lecter fühlt sich verantwortlich dafür
und selbst »beschmutzt«; er ruft Starling zurück und
verspricht, ihr zu helfen. Nicht nach einem der Sex and
Crime Muster ist der Film also gefertigt, sondern nach
Regeln einer Purgatorio. Das hätte manche seiner Kritiker
aufmerksam machen können oder müssen: mit der Behaup-

tung, er bediene sadomasochistische Zuschauerbedürfnisse und beute sie aus, kommt man ihm jedenfalls nicht bei.

Zwei Sorten angedeutetes Liebespaar sind da doch: einmal Clarice und ihre schwarze Kollegin Mapp; mit ihr zusammen findet sie den Wohnort des Killers heraus, mit ihr halten die Augen Zwiesprache am Schluß, als sie ihren Ausweis überreicht bekommt. Der Schmetterling, der sich aus der Starling-Puppe schälen wird, wird womöglich eine lesbische Polizistin sein, deren Geliebte eine andere Polizistin ist, eine Farbige. Das könnte der eigentlich ganz schöne Abschluß der Schmetterlingskunde im Film sein; aber dann sind da noch die beiden Insektenforscher aus dem Museum, Pilcher und Roden; sie sind auch bei der finalen Ausweisübergabe dabei. Die frisch geschlüpften Polizistinnen werden womöglich die Geliebten der Herren Insektenforscher ... auch nicht unwitzig.

Zur Feier des Ausschlüpfens die Torte: der Tortenguß auf ihrer Oberfläche ist eine Abbildung des FBI-Emblems (man kann auch sagen, die Torte ist mit dem Flügelmuster des FBI garniert). Die Torte wird angeschnitten, das Messer, wir sehen es in Großaufnahme, schneidet genau durch das Wort »JUSTICE«, zwei schöne Schnitte, einer durch das »J«, der zweite durch das »T«, auf dem herausgeschnittenen Tortenstück bleiben genau zwei Buchstaben übrig: US, zu lesen als United States oder als »us« = »wir«; »us« aus »justice« = »Wir, die Gerechten«, ... kleine Mädchen ... US-Polizistinnen ... Frauen ... Puppe, Larve, Schmetterling ... in einer Welt bemühter Väter ... in einer Welt bemühter Killer ... die Mütter (als sorgende Instanz) hat Demme vollkommen entfernt aus seinem Film ... wir haben hier lauter mutterlose, halbbebrütete, unbebrütete intelligente Kinder ... selber strebend bemüht, »den Ausweis« zu erhalten ... das Muster zu finden ... »die Prüfung« zu bestehen ... ein Leben zu finden auf der Schwelle zwischen Insekt und Mensch ... eine Sexualität, die etwas anderes vielleicht ist, als Qual. Der Film handelt davon, wie man eine Sexualität bekommt, ohne verrückt zu werden, wie man ein Geschlecht ausbildet, mit dem man leben kann. Hilfreich dabei in der Lämmer-Welt sind allein Väter. Die Geburten verstehen sich als gesellschaftliche in Richtung »Frau im Beruf« ... Karriere entführt aus (mütterlichem) Ungebrütetsein ...

Ein verstohlenes Vertigo-Zitat: Clarice zwischen all den glotzenden Polizeimännern im Vorraum der Friedhofskapelle, in der die gerichtsmedizinische Untersuchung der Wasserleiche stattfinden soll: man hört eine leise Orgel aus dem Nebenraum; dort ist eine Beerdigung; Clarice tritt an den Spalt in der Tür, die Lücke für die Trance ... die Musik ist jetzt stark an die VERTIGO-Musik angelehnt, dies An- und Abschwell-Schlingermotiv aus großem Streichorchester ... und Starling setzt sich, »schwebend« in Bewegung in diesen Raum hinein auf den Sarg zu, mit dem sie nichts zu tun hat ... mit dem sie doch zu tun hat ... ihr Vater liegt darin ... und sie geht in diesen anderen Raum über, »träumend« mit groß aufgerissenen Augen, wie Kim Novak in der Scheune der Juan Batista Mission bei San Francisco ... geht schwebend auf den Sarg zu ... der Gegenschnitt aus dem Sarg auf ihr Gesicht zeigt sie nun als 10-jähriges Mädchen, das in den Sarg des Vaters blickt ... der Kragen ihres Kleides hat die Gestalt eines Schmetterlings ...

Dann abruptes Ende ihrer »Abwesenheit« ... ihr Chef ruft sie rüber in den Raum mit der Leiche des sechsten Opfers von Buffalo Bill ... die Arbeit beginnt ... Clarice Starling entpuppt sich als perfekte Beobachterin »an der Leiche« ... und Demme als perfekter Kinohandwerker: die Obduktion ist einer der filmischen Höhepunkte der LÄMMER, man kann hier anfangen, den »Professionalismus« der Akteure im Bild wie außerhalb des Bilds zu mögen. Ausgeschlossen vom Professionalismus: der zum Ort gehörige Gerichtsdoktor, der was von »Blättern im Hals« schwafelt, wo doch ein Kokon steckt. »Unprofessionellen« Unsinn redet auch Dr. Chilton, der Leiter von Lecters Psychiatrie-Gefängnis, eine ehrgeizige Verwaltungsattrappe. Speziell Chilton sieht aus wie ein nicht fertig geschlüpftes, wie ein mißglücktes Insekt (ein bißchen wie Walter Jens). So wird man, wenn man aufhört zu wachsen, sagt der Film.

Der Film ist aber nicht hermetisch, wie der von Hitchcock: wo Hitchcock seine mehrdeutigen Bilder aus undurchdringlich schöner Oberfläche macht, macht Demme die seinen eher aus Abfallresten: er näht alles mit hinein in sein Patchwork.

Demme erscheint dabei mehr als »Schneider« denn als »Schnittmann« (mehr Taylor als Cutter), Schneider wie seine Hauptfigur Buffalo Bill: » ... der näht sich ein Frauenkleid aus echten Frauen« ... das ist der Unterschied zwischen Killer und Regisseur ... Demme näht mit den Bruchstücken von Genre-Wirklichkeiten und erzeugt eine »magisch« neue, etwa wenn im letzten Gespräch Starling/Lecter, an dessen Anfang wir das trennende Gitter zwischen den beiden Gesichtern sehen, er die Kamera während der Erzählung von den »schreienden Lämmern« so bewegt, daß zuerst die Gitter vor Lecters Gesicht verschwinden, dann auch vor Starlings Gesicht, und mit einem Male sind die beiden vereint im selben Raum ... eine unio mystica ... während Demmes negativer Killerheld sein Patchwork mit Menschenkörpern versucht ...

... es geht also auch um die fehlende Unterscheidung zwischen Biologisch-Lebendem und Kunst-Belebtem ... zwischen gegerbtem Leder und lebendiger Haut ... eine Unterscheidung, die, wenn sie bei Menschen nicht im ersten Lebensjahr wächst, nur sehr schwer nachzuholen ist (wie Margret Mahler sagt).[3]

Wer weiß, auf wem wie oft und wann Insektenaugen ruhn ...

---

[3] »Die durchgehende Metapher des neuen Horror-Films ist nicht die erotische Vereinigung, Kuß oder Penetration, sondern das Fressen und Verschlingen. Es ist ein wüstes Mahl, kein erotischer Akt, was die Vampire der NEAR DARK-Art mit ihren Opfern veranstalten; sie haben nicht das geringste Interesse, wie Graf Dracula, an der Schönheit und letzthinnigen Unversehrtheit des Opfers. Der zerplatzende Schädel, das durch

Serien.

»Serienfertigung« war früher ein Schimpfwort in der Kritik.
Das hat sich, spätestens seit Warhol, geändert. »Das Ich«
heutiger Heranwachsender bezieht sich zu einem großen
Teil auf Serien, verschiedene Sorten des Serialen. Zuallererst
auf Serien von Marken.

Serien und Marken: jeder Jugendliche im Kino spitzt sein
hellstes Ohr bei der einzigen Kritik, die Hannibal Lecter an
Clarice Starling übt: er moniert ihre zweitklassigen Schuhe.
Aus ihnen (und aus Clarice' »Ehrgeiz«) liest er ihre
Geschichte ab: »Bauerntrampel ... erst eine Stufe weg vom
Poor White Trash ... Serie der Zweitklassigen in immer fal-
schen Schuhen«. Lecter will eine Erstklassige aus ihr
machen; auch Crawford will eine Erstklassige aus ihr
machen; und sie wird es: ein makelloser Markenartikel am
Schluß, ein Gesicht aus der Jody-Foster-Superstar Serie.

die Bauchdecke brechende Monster, der gehirnschlürfende Untote, der
schmatzende und sich besudelnde Gremlin, der kultivierte Kannibale
Hannibal Lecter in THE SILENCE OF THE LAMBS – sie alle sprechen
davon, daß das Essen seine Unschuld verloren hat. Es hat seine Familiali-
tät, seine Seßhaftigkeit verloren. Die Welt ist ein Anagramm des Körpers,
der nur noch verdaut, zu viel davon. In Chuck Russells THE BLOB (DER
BLOB – 1988) frißt und verdaut ein beweglicher Riesenmagen ohne
Gehirn die Bewohner einer amerikanischen Kleinstadt. Das Fressen
zuerst, das sagen die Szenen, in denen die hungrige Schleimhaut dem
Paar die Liebe und dem Pfarrer die Predigt verderben.« (Georg Seeßlen:
»Ein sehr familiäres Gesicht des Schreckens«, in: *Heaven Sent* Nr. 6,
Frankfurt/M. 1992, S.25)
Bei Körpern, die die Unterscheidung zwischen »belebt-unbelebt« nicht
getroffen haben, steht tatsächlich der Akt des Fressens anstelle der Liebe.
All diese Filme scheinen demnach (auch) vom psychischen Zustand dieser fehlenden Grundunterscheidung zu handeln. Am interessantesten
daran wäre die Klärung der Frage, warum so viele Kinder jetziger behü-
tender Eltern so viel Gefallen daran finden. Die gängige »behütete«
Erfahrungslosigkeit scheint genauso ihre auslöschenden und verschlin-
genden Seiten zu generieren, wie die frühere Körpertraktierung durch
Prügel oder Liebesverbot sie erzeugte. Wie man Körper »ins Leben«
bringt«, bleibt eine – zu jeder Zeit – neu zu lösende Frage.

»Markennamen sind Kernzellen westlicher Identität mit Revieranspruch«, faßt Camille Paglia schlüssig zusammen. Jeder Nike-Schuh an jedem Markenfuß sagt: »Du sollst keinen anderen Gott haben neben mir, jedenfalls nicht an dieser Stelle deines Markenleibs«. Marke stiftet (wie in Amerika schon lange) »Identität«. Die Jugendlichen werden allerdings nicht »Subjekte« dabei, sie bekommen vielmehr einen amerikanischen Körper.

Amerikanischer Körper der Fernsehserien-Rhythmik: ein Massakerfilm wechselt ab mit einer Familienserie ... Zerstörung/Wiederzusammensetzen ... der eine Film sprengt alles in die Luft, der nächste macht alles wieder heil ... Seriengarantie: alle an ihrem Platz, immer dasselbe Personal, dieselbe Dialogstruktur, dieselben Klamotten, das heilt die Zerstörungen, das flickt zusammen ... und nun erneuter Ausflug ins Destruierende ... erst Körperzerreißung, dann Familienbalsam ... das serielle Wechselbad als experimentelles Lebensprinzip, Suchtprinzip, Wahrnehmungsprinzip, Erfahrungsprinzip.

Nicht »Wiederholen / Durcharbeiten« ist die Formel (freudsch), sondern Wiederholen, Wiederhaben, Wiedertun ... Wiederessen ... dasselbe nochmal sehen ... nochmal hören ... auf Folge folgt Folge ... nicht »Durcharbeiten« ist der Weg der Veränderung, sondern die unmerkliche Verschiebung in der Wiederholung ... sich »unmerklich ändern« beim Wiedertun, so geht heute das »Wachsen« über das Serielle.

»Der Serienkiller ist der unbestrittene König im Reich der Triebe«, sagt, erschreckt, das Feuilleton; der Serientäter ist aber auch der unbestrittene König der Konsumtion wie der Kunst- und Lebensproduktion heute.
Die Cola-Dosen, die die Schul-Teens in ihren Zimmern als »die Kunst« auf den Regalen versammeln, beziehen ihre Attraktion, ihren Reiz, ihre Schönheit in der Tat aus der Tatsache, daß es sie nicht nur einmal gibt, sondern milliarden-

haft. Dieser Cola-Song, dies Dosen-Outfit, voll gelungen, es wird mit jedem Tage besser, mit jeder Dose besser, die irgendwo die Abfüllstation verläßt.

Gut zu sehen, warum die Kids ihre Regale damit füllen. Das bunte Blech verneint und leugnet sowohl jede elterliche wie lehrerliche Autorität/Subjektivität, die in die Kinderkörper eindringen wollen, die sie formen, sie zu etwas veranlassen wollen, was sie selbst nicht wollen. Sie wollen Lustserien, endlos und geschlechtlich unbestimmt wie das Dosendesign, wie die Kronendeckel der Flaschen, der Flaschen, die unentwegt von den Bändern laufen, eine so gut wie die andere, keine Königsflasche dabei. Jede ist es. Und jede ersetzt (ohne Rest) die andere ...

... genauso kann man selbst ersetzt werden, wenn man Pech hat, ohne Rest ...

Nach Michael Ventura[4] ist »America« als *audience* konzipiert, als Publikum, Verbrauchergemeinschaft von Zeichenprodukten. Daraus ergibt sich die Sofort-»Verständlichkeit« aller Pop-Art-Serien wie TV-Serien wie Marken-Serien: »S/he is one of us«, sagt jedes richtig verwendete Zeichen ... etikettierter Amerikaner ... und das Zeichen stellt uns her (is making us): zu amerikanischeren Amerikanern. John F. Kennedy steht im Lexikon der geflügelten Worte mit dem Satz »Our national sport is not playing at all – but watching«. (Antwort auf die Frage, ob er lieber Football oder Baseball spiele ...)

Audience: auf Knopfdruck oder per Eintrittskarte wird jede/r vorgelassen zu einer Audienz bei Ihrer Majestät SERIA AMERICANA.

»Jeder sollte eine Maschine sein. Jeder sollte jeden mögen.« – hat Andy Warhol in seiner typisch widersprüchlichen Rede dazu gesagt. Die Menschen sind dazu nicht in der Lage: zum »Mögen«, heißt das (Insektenwesen). Das Maschinell/Serielle kann das besser.

---

[4] *Shadow Dancing in the U.S.A.*, Los Angeles 1985

Hannibal Lecter sieht am Ende des Films, mit geändertem Gesicht, tatsächlich ein bißchen aus wie Andy Warhol, blonde Perücke, Sonnenbrille ... als wollte Jonathan Demme mit seinen Schlußbildern sagen: Andy macht weiter ... die sexuelle Unbestimmbarkeit Warhols, in dessen Filmen das Transvestitische die Oberflächen bestimmte ... jetzt in der sexuellen Unbestimmbarkeit der Insekten-Serie ... »das Seriale« darin als Wirklichkeitsform ständiger »Transsexualität« ...

Der »Serientäter« ist nicht nur aus Gründen der »gesteigerten Schrecklichkeit« diese attraktive Kinofigur, er ist es aus Gründen seiner Serialität.

Die Wiederholung und die Abweichung. Zwei Sorten ›Serientaten‹.

Es gibt im Serientäterwesen zwei Gegenpole des Serialen. Buffalo Bills »Serienmorde« in DAS SCHWEIGEN DER LÄMMER gelten einer »immer gleichen« Frau: es gibt immer wieder eine Fredrica Bimmel, Kleidergröße 44 (amerikanisch: 14) ... »ausladende Hüften« ... er häutet immer dies eine Modell ... und es hat immer eine Katze ... die Katze, die durch ihr Miauen Clarice Starling in das richtige Zimmer lockt ... die Katze, auf die Hannibal Lecter sie hinstößt als er einen falschen Namen angibt für Buffalo Bill: Ned Fissules. Starling entziffert den Namen, anagrammatisch, als »Eisensulfid«, und dieses wiederum, alchemistisch, als »Katzengold«. Eine Katzenserie in SCHWEIGEN DER LÄMMER: Fredrica Bimmel hat eine Katze im Arm auf dem Foto in ihrem Zimmer ... eine Keramikkatze weist den Weg zu ihrer Spieluhr mit der schlanken Tänzerin, die sie hätte sein wollen ... Catherine Martin, die von Buffalo Bill entführt wird, hat eine Katze ... sie bleibt hungrig zurück oben auf dem Fensterbrett ... ihre Herrin kommt nicht mehr ... umgesetzt ins »Seriendenken« heißt das: das macht nichts mit den Gehäuteten ... sie wachsen nach ... »breitausladende Hüften mit Katze drauf ... Single ... Alter Anfang Zwanzig« ...

Daß es sich um ein Serien-Modell handelt, unterstreicht Demme bei der Inszenierung von Catherine Martins Entführung: »Sicher ist Buffalo Bill schon auf der Suche nach der nächsten«, sagt Lecter. Abrupter Schnitt, und schon sieht man sie, am Steuer ihres Autos. Sie singt laut ein Stück aus dem Autoradio mit: AMERICAN GIRL, – den Hit von Tom Petty and the Heartbreakers ... »Yes, she's an American Girl«, schreit sie laut, ehe sie aussteigt und direkt in Buffalos Arme läuft ... er hat auf sie gewartet ... seinen Modelltyp. Krasser kann man nicht eine Person »auf Serie ziehen«. Die immer wieder Gehäutete ist ein immer wieder auferstehendes Serienmodell, das seine Katze nicht richtig füttert ... das liegt daran, daß ihre Mutter, (die einzige Mutter des Films), eine falsche Katze ist: republikanische Senatorin, Politikerin, die die Entführung der Tochter zu herzzerreißenden Fernsehauftritten nutzt.

Eine ganz andere Serie findet man in John McNaughton's Film HENRY. PORTRAIT OF A SERIAL KILLER (U.S.A. 1985), der in vieler Hinsicht das genaue Gegenstück zum SCHWEIGEN DER LÄMMER ist. Wie Demme macht auch McNaughton Witze mit seinen Serien: die ungefähr einzige Frau, die im Film vom Killer verschont wird, führt abends einen Hund aus, den sie auf Henrys, des Killers Frage nach seiner Rasse als »a Heinz 57 varieties« bezeichnet, zu deutsch »ein Hund aus dem Hause Heinz, 57 Sorten, Ketchup, Gurken usw.« Nach Spears, Dictionary of American Slang, bezeichnet »a Heinz 57« u.a. das, was man im dt. »Promenadenmischung« nennt, einen nicht serienreinen Hund. Was geht da vor?

Kleiner Exkurs über Marken: Henry J. Heinz, der sog. Gurkenkönig aus Pittsburgh, stellt 1869 den ersten Ketchup her; die Campbell Factory, aus der die Dosen kommen, aus denen Andy Warhol kam, beginnt mit ihrer Produktion ebenfalls im Jahr 1869; das ist kein Zufall: die Campbellschen Fleischkonserven wie der Heinz'sche Ketchup sind direkte Folgeprodukte der großen Rindermassen, die ab

1866, angetrieben von John Wayne und Monty Clift, genau aus Howard Hawks' RED RIVER in Abilene, Missouri ankommen und von dort in die Chicagoer Fleischfabriken eisenbahnverbracht werden. Henry J. Heinz, Ketchup auf Rindfleisch, ist niemand anders als der Erfinder »des Seriellen« überhaupt. »Heinz 57 varieties«, wird in den Geschichtsbüchern geführt als der »berühmteste Zahlen-Slogan aller Zeiten.« 57 Sorten Serien, Ketchups, Relishes, Gurken, Saucen.[5]

Die Frau mit dem Hund, der in HENRY. PORTRAIT OF A SERIAL KILLER »a Heinz 57 varieties« heißt, wird vom Killer verschont wegen dieses Hundenamens. Denn »Promenadenmischung« heißt nicht, wie man zunächst denken könnte, »ein Hund wie jeder andere« (Rasse)hund, sondern ein einzigartiger, wie Promenadenmischungen eben sind. Der Killer »achtet« den Hund aus der Heinz-Serie, weil er ihm entspricht.
Und nach dessen Modell definiert der Serienmörder Henry im Film die Tatsache seines Nichtgeschnapptwerdens: man muß viel morden (Serie), aber jeden Mord etwas anders machen, morgens Messer, mittags Revolver, abends Gabel, nachts Axt, dazwischen die bloßen Finger (um Hälse), nie »Rasse« sein, sondern immer »Promenade«. Die Polizei, sagt Henry (der, wie Lecter, nicht bloß ein Serienkiller ist, sondern auch ein Theoretiker des Serialen), die Polizei tut nichts anderes als nach Serienmerkmalen suchen (nach der Künstlermarke). Ihr entkommt man nur als Hund unklarster Herkunft, als »a Henry 57 varieties«.
... während Buffalo Bill im SCHWEIGEN immer dieselbe nimmt. Daher gibt es in HENRY. PORTRAIT OF A SERIAL KILLER überhaupt keine Polizei und jede/r ist potentielles Opfer (außer der-Frau-die-einen-Heinz-57-Hund ausführt) und in SCHWEIGEN DER LÄMMER nur Polizei, weil es

5 Charles Goodrun & Helen Dalyrumple: *Advertising in America. The first 200 years*, New York 1990

dort ein Muster gibt und »jeder« aufgerufen ist, es zu entdecken; der Serienkiller Hannibal Lecter und die Serienfor-
scherin Jody Foster transformieren jeden Zuschauer in ein
Stück Seriendetektiv.

Im SCHWEIGEN ist »das Morden« eine Kunst, Serienkunst.
In HENRY. PORTRAIT OF A SERIAL KILLER ist das Morden
die normale, serielle Tagesarbeit. Der Killer verläßt die
Wohnung, um, so wie andere zur Arbeit gehen, morden zu
gehen. Er sieht sich ein bißchen um, kuckt das Opfer aus,
läßt wieder von ihm ab, wenn es aus irgendwelchen Gründen unerreichbar scheint, nimmt ein anderes, vollzieht ganz
einfach und kühl bei erstbester Gelegenheit brutal und primitiv den Mord und wirft das Opfer irgendwo hin, völlig
öffentlich, es gibt kein Spurenvertuschen, nichts: eine Ver-
folgungsbehörde existiert nicht. Er muß vermeiden, direkt
gesehen zu werden und erkannt, das ist alles, aber auch
wirklich alles. Es braucht nicht einmal Nacht zu sein, man
braucht nur jemand zu folgen in seine Wohnung, klingeln,
die offene Tür reicht, dann ist der Tod schon da, die Leichen
bleiben liegen oder sie kommen in den Kofferraum und von
da an den Straßenrand. Das einzige, worauf Henry achtet:
kein Serienzeichen zu hinterlassen. Es gibt deshalb in dem
Film, auch hierin genau entgegengesetzt zum SCHWEIGEN,
kein bißchen Psychologie, keine Schmetterlinge, kein
»Wachstum«, keine sexuellen Zweideutigkeiten. HENRY ist
der definitive Killer, er tötet, jeden, jede, alles (von manchen
Morden macht er Videofilme und lacht, wenn er sie ansieht).
»Oh wie gut daß niemand weiß, daß ich Henry (J.) Heinz
heiß«, hören wir Henry, den Serienkiller, flüstern. »Jay«,
John ist auch der Vorname des Regisseurs McNaughton.
McNaughton is a naughty boy: alle Varieties zusammen,
Curry, Zwergzwiebeln, Ketchup, Gurke, Barbecue, French
Dressing und Reality TV ergeben »das Porträt« des »Serien-
killers« als »Konsumenten von allem, was auf dem Markt
ist«. Zugerichtet wie ein jeweils anderes Gericht und mit
einer anderen Sauce übergossen oder zubereitet sehen die

einzelnen Frauenleichen auch aus, mit deren Vorzeigen Mc Naughton seinen Film eröffnet.
Serie ist hier (im Unterschied zum Wiederholungstäter Buffalo Bill) etwas immer wieder tun, aber mit einer kleinen Variante. Variante, die aber den Margen der industriellen Serienproduktion folgt. Die minimale Abweichung im Gleichen macht unkenntlich. Sie ist die ideale Gestalt des Mörderischen, sagt, »zynisch«, Mc Naughton. Polizistisch nicht erfaßbar, nicht identifizierbar.

Held-Entwertung

Henry wie Hannibal Lecter wie Buffalo Bill sind tatsächlichen Massenkillern in den USA nachgebaut; es hat sie »gegeben« (alter amerikanischer Wirklichkeitsbeweis in »der Kunst«).[6] Ihr Erscheinen als Neue Helden des amerikanischen Films hat Filmkritiker aller Richtungen erschreckt und zu etwa diesem Schluß geführt:
»Der Serienkiller trifft auf einen wunden Punkt, weil er als pervertierte Ausgabe und finale Form des amerikanischen Helden zum tödlichen Vollstrecker der alten Ideale geworden ist.« (Ulrich Genzler in der *Süddeutschen Zeitung*) ...
»... radikaler Abgesang auf den American Dream, wie er

---

[6] »Der Amerikaner Henry Lee Lucas hat 147 Morde gestanden; dann 250, 360, „rund 600" gar, bevor er wieder alles abstritt. Elf dieser Bluttaten wurde er in Texas überführt, wegen vier weiterer muß er sich in Florida verantworten. Zu seinen „sicheren Opfern" zählen seine Mutter und seine 15-jährige Frau Frieda „Becky" Powell. Wie viele Menschen er allein oder zusammen mit seinem *brother in crime* Ottis Toole, Beckys Onkel, tatsächlich vergewaltigt, getötet, zerstückelt hat, ist ungewiß.« (Thomas Gaschler, Flugblatt zur Vorführung von HENRY im Filmmuseum München, 15.5.93)
Ursprünglich ist der ›Serienmörder‹ aber wohl eine Erfindung der Polizei: ›Jack the Ripper‹ als Sammelname für alle unaufgeklärten Fälle. Der blieb immerhin ungefaßt. Die Nazis gingen weiter: dem (angeblichen) Massenmörder Bruno Kürten wurde alles angehängt, was in und um Düsseldorf ein Jahrzehnt lang unaufgeklärt war (Film: Robert Siodmak, NACHTS, WENN DER TEUFEL KAM, BRD 1957 mit Mario Adorf). Die ›wirklichen Serientäter‹ befolgten dann die Polizeiprogrammierung.

»lakonischer selten formuliert wurde: Voyeurismus, Inzest, Gewalt gegen Frauen« ... Die Geburtsstunde eines neuen Heldentypus, der ganz die dunklen Seiten des amerikanischen Traums verkörpert ... usw.

In HENRY und SCHWEIGEN dürfte tatsächlich ein amerikanisches Genre »zu Ende«, »auf die Spitze gebracht« worden sein: das Ende aller Helden, die sich in einer irgendwie noch »zu klärenden« Welt bewegen.

Hier gibt es nichts zu klären; je mehr man »klärt«, desto düsterer wird es ...

»Wo Dr. Lecter die verfeinerte Dekadenz spätromantischer Antihelden repräsentiert, erinnern an der Henry-Figur nur noch die Rudimente einer doppelten Stigmatisierung (psychisch krank und kriminell) an herkömmliche Rollenkonzepte der Unterhaltung. Ansonsten brütet Henry aus jeder Pore seines Fleisches authentisches Entsetzen aus«, versucht Thomas Gaschler noch eine Differenzierung. Darin haben wir die entscheidenden Wörter: »Unterhaltung« versus »Authentizität«. Diese Gegenüberstellung ist heute, im Bereich der Bilder, nicht mehr machbar. Ob bei den computererzeugten Videoclips im MTV, bei der Tagesschau mit ihren Blue Box-Zaubereien, den Virtual Reality-Computerbildern oder der sog. Live-Übertragung von einem Fußballspiel aus Turin ist für heutige Bildanseher ein verläßlicher Zusammenhang zwischen sog. Realität des Abgebildeten und angeschautem Bild nicht mehr herstellbar. Das Bild hat seine Abbildfunktion endgültig verlassen (von Steven Spielberg gerade gefeiert als »Emanzipation des Films von der Kamera«.) »Serie« ist eine Realitätsform für sich, heißt das.

Eine sehr aneignende bzw. programmierende Realitätsform: Eintritt ins Serielle heißt heute weitgehend Eintritt ins Reale. Ein brennendes Haus in einem bayrischen Kaff mit Türken darin ist noch Nichts, »irreal«, ab dem zweiten brennenden Haus nähert es sich dem Serialen, ab Hoyerswerda oder Rostock ist es die politische, rassistische Serie, die es nach dem Willen der Täter (und unterstützender Bonner Serienproduzenten) genau sein sollte. Oder: die Serie verschwindender

10-jähriger Mädchen ... gerade am Laufen (Presseprodukti-on) ... Blitzeinschlagsserie (sagt die Zeitung; »Gott«, »die Natur« wollen auch mithalten im Serialen.) Die Serien der kommenden Kriege, für die die Bundeswehr sich interessiert ... Serie stiftet Realität heute ... nicht: bildet sie ab ... und selbstverständlich hat »Serie« ihre ansteckenden Seiten.

Ich höre und sehe also nicht nur »das Abdanken« des ameri-kanischen Traums mit seinem »positiven«, »glaubenden« Helden, sondern eine Neuformulierung. Deine Existenz be-ginnt mit Beitritt zu einer Serie, flüstert diese, zuerst ins Se-rielle des Markenprodukts, dann in die vielen laufenden, verschiedenen Serien. Diese sagen beileibe nicht alle dassel-be:

Henry Serienkiller/Buffalo Bill sagen, »wo Serie ist, ist Tod, und ihr kommt auch dran« ... während Hannibal Lector/ Clarice Starling dagegenhalten: »wo Serie ist, ist auch Intelli-genz, ihr müßt nur durchhalten (in erstklassigen Schuhn), dann findet ihr sie schon, die rettenden Realitäten« ...

Sie liegen in der Erstklassigkeit: Clarice Starling ist eine der ungebrochensten Karrierefrauen der Schmetterlings- oder Filmgeschichte; obwohl die Welt absolut finster ist (»insek-tisch«), gerade weil sie es ist, ist der Ausweg »Karriere«, Aufstieg ins Licht, die einzige lohnende Perspektive; Toch-ter, die ein Teil wird der Vater-Arbeitswelt ... sehr wohl eine neue Heldin ... Amerika, gestylt/real: »das wünschen sich garantiert alle in meinem Alter«, sagt einer der 20-Jährigen, die ich zu dem Film gefragt habe ... »Auge des Chefs pickt einen raus ... und dann eine solche Karriere aus dem Nichts«. Von wegen »kein Held«. Der »neue Held« (die Tochter in der Vaterwelt), sagt: Ich kann es! Ich komm da hoch. Ich kann es sogar im Hades.

Andy Warhol könnte dabei als früher Protagonist der Intel-ligenzerzeugungs-/Karriere-Serien gelten. Er lebte aber auch im Bewußtsein der anderen, der tötenden:

Eine besondere Sorte Serientäter, sagt Warhol, sind die Fans, bestimmte Fans:

Ich habe immer Angst, daß Verrückte genau das, was sie schon früher einmal getan haben, ein paar Jahre später wiederholen, selbstverständlich ohne sich daran zu erinnern, daß sie's schon einmal gemacht haben - sie sind im Glauben, ihnen sei etwas völlig Neues eingefallen! Man hat 1968 auf mich geschossen, das war also die 68er Version. Und dann muß ich immer denken: „Ob wohl einer eine 1970er Neuauflage vorhat und wieder schießt?" Das ist die andere Sorte Fan. (Warhol, *Popism*, New York 1975, S.87)

Warhol sagt nicht: das sind Killer, er sagt: eine andere Sorte Fan, also eine Serie ihm verbundener Leute. Diese Sorte Fan ist wie Buffalo Bill im SCHWEIGEN DER LÄMMER; sie unterscheidet nicht zwischen Wiederholung (eines Schusses) und Wiederholung durch einen Blick, durchs Sehen. Daß es Thomas Harris in seinem Roman um die Wiederholung durch den Blick geht, unterstreicht eine der Schlußpassagen seines Buchs. Lecter schreibt an Starling, die von der Serie der schreienden Lämmer Befreite: »Für den Moment werden die Lämmer aufhören.« Aber: »Sie werden es immer und immer wieder verdienen müssen, das gepriesene Schweigen. Denn es ist die Misere, die Sie antreibt, die Misere zu sehen, und die Misere wird nie enden, niemals.« Clarice, heißt das, wird weitere Serien-Täter zur Strecke bringen müssen in ihrer Serie »Leben«, die an die Serien dessen gekettet ist, was sie in ihrem Leben gesehen hat.
Das ist ihr (»leeres«) seriales Tun. ... Ausschlüpfen ... dann da sein ... als ›Seherin‹ ... als Marke (ausgewiesen mit der Chefmarke, die sie am Schluß des Films stolz hochhält).
Bleibt die Frage des Gleichgewichts der ingenieursmäßig eingearbeiteten Bestandteile der verschiedenen Serienmuster. Man kann auch sagen: die Frage nach der Balance in der Film-Kreatur, die ein ehrgeiziger Filmemacher uns mit SCHWEIGEN DER LÄMMER vor Augen führt. Die Teile sind ungleichgewichtig, soviel scheint klar.
»DAS SCHWEIGEN DER LÄMMER wird mehrheitlich als gewaltbejahend aufgefaßt und kaum als Artefakt begriffen,

weshalb auch die mit der Künstlichkeit eigentlich notwendig geforderte Distanz nicht eingehalten bzw. in Rechnung gestellt wird«, sagt Niewöhner. Ja, aber warum nicht? Weil die Künstlichkeit vielleicht nicht zu erkennen ist für den jugendlichen Kinogänger beim ersten Sehen? Für fast alle Erstseher des Films, die ich gesprochen habe, war »das Artefakt« zugedeckt durch die Intensität der »Beziehungsgeschichte« Lecter/Starling, auf die sich das Interesse konzentriert; man kann es schwer gleichzeitig auf die sieben auch noch laufenden Dinge ausdehnen, aber – und so ist der Film auch konzipiert: es gibt Video. Jugendliche heute sehen Filme, die ihnen gefallen, in aller Regel so um die fünf Mal oder mehr; die Tatsache der Videorecorder geht von vornherein ein in die Filmproduktion. Daß der Akademiker seinen »kunsthistorischen Verstand« auf den Film losläßt, ist demnach ebenso berechtigt, wie es bedeuten kann, in eine der Fallen des Films zu gehn ... eine seiner berechneten Fallen ... »eine ganz bewundernswerte Ingenieursarbeit«, ja ... für ganz verschiedene Betrachtersorten ... und wer sich auf seiner Ebene gut bedient fühlt, kuckt auf einer anderen nicht mehr so genau hin. Eine teilnehmende Emotionalität für »das Gezeigte«, – das Serientöten –, kann dabei vollkommen verschwinden beim Zuschauer als »belanglos« für den Film. Angst-Elimination: ein Schuß an der richtigen Stelle trennt Insekt und Mensch ... und: wer keine Emotionen mehr hat, ist durch ... im Licht, und fliegt.

DAS SCHWEIGEN DER LÄMMER travestiert aber auch all diese Bestandteile, die Heilsgeschichte wie die Bullengeschichte, wie auch die verwandlungsmystische der Körperverwandlung beim Wachstum, wie die heidnisch-mythologische, ebenso die »Schwierigkeiten, eine bestimmte Sexualität zu bekommen, ohne verrückt zu werden«. Es ist kein »symbolischer« Film, eher betreibt er eine ironische Entwertung all dieser Komplexe. Die Verpuppungen, Angst- und Qual-Durchgänge beim Wechseln der eigenen Gestalt erscheinen auch als Verkleidungen, Maskeraden, Spiegelfechtereien, eindrucksvoll vorgeführt in der Gestalt des »falschen Transsexuellen« Billy, auf dessen Bettdecke (wir sehen es nur einen Sekundenbruchteil) auch zwei große Hakenkreuze nicht fehlen, der sich mit spitzen Fingern das T-Shirt über der Brust nach vorn zieht zur Andeutung der ihm fehlenden Titten und dabei Babygeschrei imitiert, der, wie es sich »gehört«, um die Schmerzen seines kleinen blöden Pudels namens Precious weint und die von ihm im Brunnen eingesperrte Frau, die gehäutet werden soll, anschnauzt, sie habe ja keine Ahnung, was Schmerzen seien: ein krankes Theater.

Die höchste Travestie: er zeigt den Weg zu »sexueller Gesundheit«, »Eindeutigkeit« und »Erwachsensein« als Weg in die Spitze des FBI, und, noch »perverser«: er nimmt für die Demonstration dieses Wegs eine Frau.[7]

Die mitlaufende Diffamierung von »sexueller Abweichung«, »Transsexualität« als kriminell und krank und die Codierung des gesamten Bereichs »Psychiatrie« mit »hochkriminellen« bzw. »hochintelligenten« Irren oder Monstern, könnte dabei das entscheidende Handicap des Films sein, seine rassistische Seite.[8]

---

[7] Jody Foster hat genau den richtigen Namen für die Funktion, die sie im Film hat: »Foster« heißt nähren, pflegen. Adoptiv- oder Pflegeeltern heißen Foster-Parents in den USA. Der Film nährt sich und mästet sich an ihrem Gesicht wie ein Pflegekind an seinen Fosters. Jody Foster wächst damit, zum Superstar.

[8] Das Gefühl einer Leere, das bei manchen (vorwiegend älteren) Zuschauern nach der Vorführung sich einstellte, könnte damit zu tun haben, daß sie keinen Genuß gehabt haben am Vorgang des teilnehmenden Aussaugens eines Frauengesichts (= »bin schon ausgeschlüpft und brauche das nicht mehr).

Robert Fischer

Der Schrecken des Voyeurs
Gewalt, Lust und Schönheit in David Lynchs »Blue Velvet«

BLUE VELVET ist das, was man einen Kultfilm nennt, ein
in den letzten Jahren recht inflationär gebrauchter Begriff,
der in diesem Fall aber sicher zutrifft: ein Film, den
»man«, als er 1986 in die Kinos kam, gesehen haben
mußte, um mitreden zu können; ein Film, der trotzdem
nicht unbedingt ein riesiger Publikumserfolg war, dessen
Titel sich aber festsetzte im kollektiven Gedächtnis; ein
Film, für den es auch heute noch eine eingeschworene Fan-
gemeinde gibt und über den geschrieben, geredet, publi-
ziert wird. Und der folglich einen Ruf besitzt. Der Ruf
von BLUE VELVET ist, wie es sich für einen Kultfilm
gehört, widersprüchlich und kontrovers: »filmisches Meisterwerk« auf der einen Seite, »Ausgeburt eines krankhaf-
ten Gehirns« auf der anderen. Und für die meisten – egal,
ob sie den Film wirklich gesehen haben oder nicht – ist
BLUE VELVET vor allem der Film, in dem Isabella Rossellini von Dennis Hopper vergewaltigt wird, was oft so
klingt, als meinten sie, die Vergewaltigung habe nicht im
Film, sondern während der Dreharbeiten stattgefunden.
»Meisterwerk« oder »Machwerk«: mit dieser Aufspaltung
in der Rezeption durch Kritiker oder Publikum muß jeder
Künstler rechnen, der den Boden des rein Gefälligen verläßt
und neben dem Schönen auch dessen Kehrseite abbildet.
Das grundlegende Mißverständnis, dem die meisten »Machwerk«-Schreier aufsitzen, ist die Verwechslung des abgebil-
deten Schmutzes mit dem Schmutz selbst, indem sie das
Objekt oder das Thema losgelöst von seinem Wesen als
Kunstwerk betrachten und schnell mit einer Verurteilung
oder kategorischen Ablehnung bei der Hand sind.
David Lynch, 1946 in der amerikanischen Provinzstadt Mis-
soula im Staate Montana geboren, kam von der Malerei zum
Film. »Meine ersten Meter Zelluloid habe ich nur deshalb

belichtet, weil ich sehen wollte, wie sich ein Gemälde bewegt. Immer, wenn ich mir die Bilder ansah, die ich auf der Kunstakademie malte, verband ich damit in meinem Kopf ein Geräusch, und ich wünschte mir, dieses Geräusch wirklich hören zu können, ich wollte diese Dinge sich bewegen sehen, wollte eine Stimmung fühlen.« Lynch wünschte sich, die »Ränder des Bildes würden verschwinden«, er wollte »hineintauchen, und es wäre eine Art unbeschreiblicher Erfahrung«.

Mit seinen ersten Filmen wurde Lynch diesem Anspruch ohne Zweifel gerecht: Die Kurzfilme THE ALPHABET und THE GRANDMOTHER, vor allem aber sein erster Langfilm ERASERHEAD sind eigenwillige, bizarre, hypnotisierende Kunsterlebnisse, deren Ästhetik in der Tradition der expressionistischen und der surrealistischen Maler und Filmemacher steht. Lynch ist ein Regisseur, der wie ein Maler denkt und nicht wie ein Schriftsteller; vor allem in seinen frühen Filmen pfeift er auf herkömmliche Kinodramaturgie, er will keine Geschichten erzählen oder Botschaften verbreiten, sondern – ganz ähnlich wie mit seinen Gemälden – Stimmungen schaffen und Gefühle auslösen. Strukturen interessieren ihn, Kontraste, Augenblicke. »Wenn man darüber reden kann«, sagt er, »hat es nichts mit Kino zu tun.« Von allen seinen Filmen erzählt nur DER ELEFANTENMENSCH eine nach konventionellem Muster aufgebaute Geschichte, nur dieser Film hält sich an die Regeln klassischer Narration. Bei allen anderen Filmen folgt er seinem Instinkt als Maler: Bei ERASERHEAD sitzt man nicht im Kino, sondern im Kopf des Protagonisten, oder wenn im Kino, dann wie unter einem schwarzen Tuch, das sich über die Leinwand und den Zuschauerraum gelegt hat, um alle Einflüsse der äußeren Welt und der Vernunft abzublocken und zu löschen. DUNE (Der Wüstenplanet) ist wie eine gigantische Bricolage aus verschiedenen Strukturen und Stilen. BLUE VELVET ist eine Meditation über den Begriff des *objet trouvé* (ganz wörtlich genommen), über Liebe und Lust, über Gewalt und Schönheit, und diesmal steckt der Betrachter nicht unter einem schwarzen Tuch, sondern die scopeformatige Leinwand wird zum Schlitz für den Blick eines Voyeurs.

Sanft wogender, dunkelblauer Samtstoff mit tiefschwarzen Falten füllt die Leinwand; er läßt eher an die Oberfläche eines nächtlichen Sees kurz vor dem Sturm denken als an einen Vorhang, allenfalls noch an etwas Organisches, eine Membran, eine Haut, unter der sich irgend etwas rührt. Die Musik, beginnend mit einer unruhig vorwärts treibenden Streicherpassage, verstärkt die geheimnisvoll-bedrohliche Stimmung. So könnte ein Kriminalfilm anfangen.

Das Blau des Samtstoffes geht über in das Azur eines wolkenlosen Sommerhimmels. Die Kamera schwenkt nach unten auf einen strahlend weißen Lattenzaun, und im Vordergrund wiegen sich knallrote Rosen in sanftem Wind. Die Konturen sind so gestochen scharf und die Farben so gesättigt wie auf einem Foto von Paul Outebridge. Mit der Überblendung hat auch die Musik gewechselt: Bobby Vintons glockenklare Stimme singt *Blue Velvet*, den traurig-schönen Song aus den Fünfzigern, der von der warmen Erinnerung an eine vergangene Liebe erzählt. Dem gemächlichen Rhythmus des Schlagers entsprechen die Bilder: Ein Feuerwehrauto fährt langsam von links nach rechts durchs Bild, auf dem Trittbrett ein lächelnder Feuerwehrmann mit seinem Hund, und der Mann winkt in Zeitlupe in die Kamera; gelbe Tulpen vor einem anderen weißen Gartenzaun; eine rundliche Dame in Schülerlotsenuniform hält ein Stopschild in der Hand und winkt lächelnd mit der anderen ein paar Kinder über die Straße; ein nettes, weißgestrichenes Einfamilienhaus; ein älterer Mann in Freizeitkleidung sprengt hinter dem Haus mit dem Gartenschlauch den Rasen, während seine Frau sich drinnen einen Krimi im Fernsehen ansieht und eine Tasse Kaffee trinkt. So könnte ein Werbefilm für Frühstücksmargarine anfangen, eine Seifenoper oder ein harmloser Familienfilm.

Der Mann zieht am Schlauch. Der hat sich in einem Busch verheddert. An der Stelle, wo der Schlauch an den Hahn

geschraubt ist, verstärkt sich der Druck, Wasser dringt sprü-
hend durch die Ritzen. Bobby Vinton singt immer noch,
aber jetzt hört man laut auch das Pochen der Leitung, das
Spritzen des Wassers. Plötzlich faßt sich der Mann an den
Nacken, sein Gesicht ist schmerzverzerrt, er stürzt zu
Boden, und plötzlich sieht es aus, als würde er mit Über-
druck urinieren. Ein Hund schnappt hüpfend nach dem
Wasserstrahl, ein Baby vom Nachbargrundstück kommt
neugierig angetapst. In Großaufnahme – und nachträglich
verlangsamt – noch einmal der Hund, wie er versucht, in
den Strahl zu beißen. Bobby Vinton ist jetzt verstummt,
statt dessen hört man ein fremdartiges Knistern und Sum-
men; die Kamera schwenkt ins nasse Gras, fährt unter die
Halme, bahnt sich einen Weg durch das, was in der Makro-
aufnahme wie ein dichter Dschungel wirkt. Schwarze, sich
bewegende Wesen tauchen auf, denen sich die Kamera
nähert, bis sie schwärmend und schmatzend das Bild füllen:
Käfer, groß wie Ungeheuer. So könnte ein Monsterfilm aus
den fünfziger Jahren beginnen, in dem Ameisen plötzlich zu
Riesenwesen mutieren und eine friedliche Kleinstadt bedro-
hen.
Die Bilder dieses Film-Prologs, dieses dreifachen Filman-
fangs beschwören ein Amerika, das man aus dem Kino und
aus Schlagern der fünfziger Jahre kennt, es sind Bilder, die
andere Bilder meinen: Hochglanzpostkarten, Werbeplakate,
Hollywoodkino. So sehr sie von Anfang an als Abziehbilder
und Klischees zu erkennen sind, schaffen sie sich in ihrer
Kombination aber eine neue Realität: die Realität des Films,
eigentlich etwas Irreales, das nur als Film, im Film und für
die Dauer des Films real existiert.
Die narrative Aussage dieser Secquenz ist eigentlich ein All-
gemeinplatz: Auch unter der saubersten Oberfläche verbirgt
sich ekliges Ungeziefer, man muß nur genau hinsehen, den
Stein nur hochheben; während der zivilisierte Mensch Kaffee trinkt und seinen Vorgarten pflegt, fressen sich wenige
Zentimeter unter seinen Füßen andere Lebewesen gegenseitig auf. Aber so simpel dieses Statement auch sein mag:

Lynch erreicht durch die Überhöhung der kleinstädtischen Harmonie und deren Sabotage durch den beim Rasensprengen plötzlich zusammenbrechenden Mann, den übergeschnappt wirkenden Hund, der nach dem Wasserstrahl beißt, und das unter dem Rasen wimmelnde Käfervolk, verbunden mit einer ähnlich brutalen Sabotage auf der Tonspur, eine erste Verunsicherung des Zuschauers.

Ein Reklameschild: »Welcome to Lumberton«, ein Schwenk über die Stadt und ihren Fluß, darüber eine Stimme aus dem Radio: »Mit dem nächsten gefällten Baum ist es neun Uhr dreißig!« Ein junger Mann mit ernstem Gesicht (Kyle MacLachlan) überquert eine sonnenüberflutete Wiese, bleibt stehen, um mit Steinen auf eine Flasche zu werfen, die vor einem alten Schuppen im Gras liegt, und geht weiter. In der nächsten Szene erfahren wir den Namen des Jungen: Jeffrey Beaumont. Er besucht seinen Vater, der beim Rasensprengen einen Schlaganfall erlitt und nicht sprechen kann, im Krankenhaus. Auf dem Rückweg kommt Jeffrey wieder an dem Schuppen vorbei, wieder sucht er sich ein paar Steine, um damit die Flasche zu treffen. Plötzlich stutzt er: Im Gras liegt ein milchiges, angefaultes menschliches Ohr. Ameisen krabbeln darauf herum. Jeffrey scheint hin- und hergerissen zwischen Abscheu und Faszination. Das Ohr, zu gleichen Teilen beansprucht von seinem abwesenden Eigentümer und der Welt unter den Grashalmen, die ihre Spuren schon darauf hinterlassen hat, wirkt wie ein Fremdkörper in der amerikanischen Kleinstadtidylle, wie ein sperriges Puzzleteil. Jeffrey hätte natürlich zurückschrecken, weitergehen und den Anblick des Ohrs verdrängen können wie den eines toten Vogels oder einer überfahrenen Katze. Statt dessen faßt er das Ohr beherzt an, steckt es in eine Tüte und bringt es pflichtbewußt zur Polizei.

Die auf dem Ohr herumkrabbelnden Ameisen sind eine Fortführung des Motivs der zersetzenden Insekten vom Anfang. Die Szene erinnert stark an den surrealistischen Kurzfilm UN CHIEN ANDALOU (Der andalusische Hund) von Buñuel und Dali, in dem Ameisen aus einem Loch in einer Hand krabbeln und eine abgetrennte Hand auf dem Boden liegt, die von einem Polizisten aufgehoben und in eine Schachtel gesteckt wird, als sei es das Selbstverständlichste auf der Welt. Jeffrey, Detective Williams, der die Tüte mit dem Ohr entgegennimmt, und der Leichenbeschauer, der es untersucht, legen ebenfalls eine unerwartete Sachlichkeit an den Tag. Der Mann, dem das Ohr mit einer Schere abgeschnitten worden sei, könne durchaus noch leben, meint der Leichenbeschauer; ihm sei auch niemand angeliefert worden, dem ein Ohr fehle. Man könnte, so scheint es, dieses saubere, schmucke Städtchen Lumberton zerlegen und problemlos wieder zusammensetzen wie die numerierten Einzelteile bei einem Modellbausatz; nur dem Ohr fehlt das Namensschildchen, und das läßt Jeffrey keine Ruhe. Vielleicht ahnt er ja bereits, daß dieses Ohr seine »Eintrittskarte in eine andere Welt« sein wird, wie Lynch es ausdrückt.

Als er abends noch einen Spaziergang macht, fährt die Kamera auf dem baumgesäumten Gehsteig vor ihm her. Ein Zwischenschnitt zeigt das Blätterwerk über ihm, das im Dunkeln unheimlich wirkt. Schnitt zurück auf den nachdenklichen Jeffrey, und dann erscheint in Überblendung der Gegenstand seiner Gedanken: das Ohr. Die Kamera fährt, während auf der Tonspur ein fremdartiges Surren und Rauschen anschwillt, auf das Loch im Innern des Ohrs zu, als sei es eine Höhle, und scheint in die Ohrmuschel regelrecht einzutauchen. Gegen Ende von BLUE VELVET, wenn alles vorbei und überstanden ist, schraubt sich die Kamera aus dem Ohr wieder heraus, nur ist es diesmal Jeffreys eigenes Ohr, er liegt schlafend hinter dem Haus seiner Eltern, er wird zum Essen gerufen, die Risse in der heilen Welt sind zugekittet, Jeffreys Reise in die finstersten Winkel der Seele beendet, wobei die Frage offen bleibt, ob vorläufig oder für immer. David Lynch: »BLUE VELVET führt unter die Oberfläche einer amerikanischen Kleinstadt, aber es ist auch eine Reise ins Unterbewußtsein oder an einen Ort, wo man mit Dingen konfrontiert wird, denen man sich normalerweise nicht stellt. Einer der Tonleute meinte, der Film sei wie eine Mischung aus Norman Rockwell und Hieronymus Bosch. Die Reise führt so tief hinunter, wie es nur geht, und dann wieder hinauf an die Oberfläche.«

Das Ohr erinnert an Lynchs Aussage, er habe als Kunststudent beim Betrachten von Bildern auch immer Geräusche im Kopf gehabt, und die sorgfältigst gestaltete und gemischte Tonspur von BLUE VELVET ist Beleg dafür, daß Film für ihn eine Verbindung aus Sight & Sound ist, aus Sehen und Hören. In allen Filmen von David Lynch ist auf der Tonspur ein Stampfen und Pochen wie von Maschinen und Fabriken zu hören: So muß für ein Ungeborenes das klopfende Herz der Mutter klingen. »Jeder Mensch ist eine kleine Fabrik«, sagt David Lynch und macht den Bezug deutlich. Die Kamera schraubt sich durch die Windungen des Ohrs hinein wie in einen Körper, und so könnte man Jeffreys Reise ins Dunkel auch als Beschwörung eines pränatalen Zustands, als Sehnsucht nach der Geborgenheit im Mutterleib, verbunden mit der Angst vor dem Akt der Geburt, auffassen.

Von Sandy (Laura Dern), der Tochter von Detective Williams, erfährt Jeffrey, daß bei den Ermittlungen, die auch das von ihm gefundene Ohr betreffen, öfter der Name der Nachtclub-Sängerin Dorothy Vallens gefallen sei. Sie zeigt ihm das Haus in der verrufenen Lincoln Street, in dem die Sängerin wohnt. Jeffrey kommt zu einem Entschluß: »Es gibt Gelegenheiten im Leben, Wissen und Erfahrungen zu sammeln. Manchmal ist das mit einem Risiko verbunden. Ich wette, man könnte eine ganze Menge erfahren, wenn man in das Apartment dieser Frau hineinkommen würde: heimlich einsteigen, sich verstecken und beobachten.« In der blonden Sandy, die vor dem Haus ihrer Eltern aus völliger Dunkelheit ans Licht tritt, als sie Jeffrey das erstemal anspricht, findet der Junge eine erst zögerliche, dann aber immer interessiertere Komplizin und Helferin, wobei sich Sandys Interesse freilich mehr auf Jeffrey selbst als auf sein Vorhaben bezieht.

Mit Sandy besucht Jeffrey den Slow Club, um Dorothy Vallens (Isabella Rossellini) zu sehen. Dorothy – man kündigt sie als Blue Lady an – singt *Blue Velvet*, und Jeffreys Gesicht spiegelt die Erregung, die er bei dem Gedanken empfindet, in wenigen Minuten in die Privatsphäre dieser Frau einzudringen. Sandy wirft Jeffrey besorgte Blicke zu. Vor Dorothys Haus wird sie sagen: »Ich weiß nicht, ob du nur neugierig bist oder pervers ...«

In Dorothys Apartment wird Jeffrey von Dorothys Rückkehr überrascht und versteckt sich im Wandschrank. Durch die Schlitze beobachtet er, wie Dorothy sich auszieht. Die Art, wie Lynch das inszeniert, läßt keinen Zweifel daran, daß Jeffrey, was immer seine wahren Beweggründe sein mögen, sich die Sache anders vorgestellt hatte: Die Atmosphäre des Apartments ist bedrückend, die Wände ebenso wie der Teppichboden sind von einem verwaschenen, unwirklichen Rot, die Lampen eher Funzeln; Dorothy streift ihre Kleider ab wie jemand in einem Umkleideraum, die Gedanken woanders, ohne jede Erotik. Die Spur von Laszivität, auf die Jeffrey im Slow Club reagierte, ist Müdigkeit gewichen. Dann ein Anruf, der Dorothy zu ängstigen scheint und in dem von »Frank«, »Don« und »Little Donny« die Rede ist. Jeffrey lauscht, ohne ein Wort zu begreifen. Nach dem Telefongespräch kauert Dorothy am Boden. Dann nimmt sie ihre Perücke ab und zieht sich im Badezimmer am Ende des Flurs ganz aus. (Die Kamera verläßt nie Jeffreys Position im Wandschrank.) Sie kommt zurück nach vorne und holt ein blaues Samtkleid aus dem Schrank, ohne Jeffrey zu bemerken. Aber dann hört sie doch ein Geräusch, holt leise ein großes Messer aus der Küche und reißt den Schrank auf. Jeffrey ist völlig perplex. Dorothy richtet das Messer drohend auf ihn und befiehlt ihm, seine Hände auf den Kopf zu legen, den Schrank zu verlassen und sich hinzuknien. Mit der Messerspitze ritzt sie ihm leicht die Backe auf, um ihm zu zeigen, daß mit ihr nicht zu spaßen ist. Sein Ausweis verrät ihr seinen Namen. Sie schreit ihn an: »Was tust du in meiner Wohnung, Jeffrey Beaumont?«

Indem Dorothy ihn bedroht und beim Namen nennt, ist das Objekt plötzlich zum Subjekt geworden und umgekehrt. Schon mit ihrer Frage hat sie ihn vollkommen bloßgestellt; aber sie geht noch weiter und befiehlt ihm, sich auszuziehen: »Ich will dich sehen!« Aber: »Sieh mich nicht an!« Das Kastrationsinstrument in der Hand, küßt sie seinen Unterleib. »Geh rüber zur Couch! Leg dich hin!« Als sie, das Messer erhoben, auf ihm sitzt, ihn zu küssen beginnt, klopft es an der Tür. Jetzt sind beide erschrocken, fühlen sich beide ertappt. Nackt verschwindet Jeffrey wieder im Schrank (und absolut nichts wirkt daran farcenhaft). Wenn er sich rühre, hat Dorothy gedroht, bringe sie ihn um.

Durch die Schlitze des Schranks sieht Jeffrey, wie Dorothy einem Mann, Frank (Dennis Hopper), öffnet. Frank beginnt sofort, Dorothy zu beschimpfen, jedes zweite Wort ist »Fuck« (in der Synchronfassung abwechselnd »Scheiße«, »verdammt« und »Fotze«). Mal soll sie ihn »Baby« nennen, dann wieder »Daddy«. Er läßt sich ein Glas Bourbon bringen, Dorothy muß das Zimmer verdunkeln, sie kennt das Spiel schon und befolgt alle Anweisungen. Dann befiehlt er ihr, die Beine zu spreizen, und Jeffrey beobachtet Frank, wie er Dorothy betrachtet, die mit dem Rücken zum Schrank sitzt. Ohne seine Position im Schrank zu verlassen, wird Jeffrey Zeuge, wie Frank sich mit Hilfe eines Gases, das er durch eine Maske einatmet, in Fahrt bringt (»Mami! Mami! Baby will ficken!«), wie er Dorothy schlägt (»Fotze, schau mich nicht an!«), wie sie ihm ein Stück ihres blauen Samtkleides in den Mund stopft und seine Schläge und Beschimpfungen zu genießen scheint, wie er mit einer Schere vor ihrem Gesicht in der Luft herumschnippelt, wie er nun auch ihr den blauen Stoff in den Mund stopft, wie er »Daddy kommt nach Hause« brabbelt und wie er verzweifelt versucht, zum Höhepunkt zu kommen.

Franks Abgang ist so abrupt wie sein Auftritt: Ein drohendes »Du bleibst am Leben, Baby, tu's für Van Gogh!«, dann ist er verschwunden. Jeffrey wagt sich aus dem Schrank, beugt sich über die reglos am Boden liegende Dorothy. Jeffrey will gehen, aber sie zieht ihn wieder zur Couch, ist verängstigt, redet ihn mit »Don« an und fleht ihn an: Er solle sie halten, sie fühlen, sie streicheln. Und dann, im selben Atemzug: »Schlag mich!« Jeffrey weicht zurück. Er zieht sich an und läßt Dorothy allein, kann aber vorher noch einen Blick auf ein Bild und eine Heiratsurkunde werfen: Don ist Dorothys Mann, Little Donny ihr Sohn.

Von dem Moment, als Dorothy das Apartment betritt, bis zu dem Zeitpunkt, da Jeffrey es wieder verläßt, vergehen siebzehn Minuten, wobei Filmzeit und Realzeit identisch sind. Diese Sequenz bildet das Zentrum des Films, sie setzt alles andere ins Verhältnis zu sich, natürlich auch den Anfang, natürlich auch die Begriffe Kriminalfilm, Familienfilm, Monsterfilm, Genres, die alle in pervertierter Form in BLUE VELVET enthalten sind.

Frank ist eindeutig der Bösewicht in dieser »Kriminal«-Geschichte, mehr noch: die Verkörperung des Bösen. An seinem Briefkasten wird Jeffrey später Franks vollen Namen lesen: Frank Booth. So hieß auch der Mann, der Abraham Lincoln erschoß (Dorothys Apartment liegt, wir erinnern uns, in der Lincoln Street). Das kriminalistische Rätsel – wer hat wem ein Ohr abgeschnitten und warum? –, dessen Lösung Jeffrey als Vorwand diente, den Voyeur zu spielen, ist an dieser Stelle eigentlich schon gelöst: Frank hat Dorothys Ehemann Don entführt und verstümmelt, um sie sich gefügig zu machen.

Zum Begriff Familienfilm: Die verschiedenen ödipalen Konstellationen in BLUE VELVET sind nicht zu übersehen. Jeffrey hat die Schule abgebrochen und ist nach Lumberton zurückgekehrt, um im Haus und im Geschäft den Platz des Vaters einzunehmen; Frank »kastriert« Dorothys Ehemann Don, indem er ihm ein Ohr abschneidet, und setzt sich selbst an seine Stelle; Jeffrey übernimmt die Rolle des abwesenden, von Frank ebenfalls entführten Sohnes Donny, indem er mit der »Mutter« schläft und den »Vater« (Frank) am Ende erschießt; aber auch Frank (»Baby wants to fuck«) sieht sich für Momente als Dorothys Kind, er ist gleichzeitig

Don und Little Donny und sagt an einer Stelle zu Jeffrey: »Du bist wie ich.« Die völlig kaputte Familie der Nachtclub-Sängerin, in deren Gefüge Jeffrey ahnungslos eindringt, kontrastiert natürlich mit den anscheinend heilen Bilderbuch-Familien Beaumont und Williams.

Frank ist nicht nur »Bösewicht« und »Vater«, sondern auch »Ungeheuer« und »Monsterkreatur«: Die Käfer am Anfang waren ein erster Hinweis auf die Schattenseite des kleinbürgerlichen Lumberton, auf das Geschmeiß, das sich im Dunkeln verbirgt; das von Ameisen angefressene Ohr führte Jeffrey in die Wohnung von Dorothy Vallens (»Deep River« heißt das Haus, auch in tiefen Flüssen schlafen Monster), und als er sich zum erstenmal Zutritt verschafft, tut er dies, indem er sich als Kammerjäger verkleidet. »Schädlingsbekämpfung«, sagt er, als Dorothy ihm öffnet, »Ihre Wohnung ist dran!« Der Schädling ist Frank: Wenn er sich seine Heliummaske vors Gesicht preßt, sieht er aus wie ein riesiges Insekt.

Die Wirkung der Vergewaltigungsszene auf den Betrachter ist so schockierend und verstörend wie der Duschmord in Hitchcocks PSYCHO, so wie der Film BLUE VELVET für das Kino der achtziger Jahre ein ähnliches Phänomen darstellt wie PSYCHO für das Kino der frühen sechziger. Wir leben im Zeitalter der Skopophilie, im Zeitalter der Lust am Sehen, der Lust zu schauen, der Lust am Zuschauen, der Schausucht: Jeder glotzt jeden Tag in die Flimmerkiste im eigenen Wohnzimmer, Kinder sind wie verhext von Video- und Computerspielen, keiner entkommt der Flut von Bildern, die von Werbeflächen, aus Zeitschriften, von Videomonitoren auf alle einstürmt, niemand, so scheint es, will ihr entkommen. Wer etwas selektierter schauen möchte, geht ins Kino.

Wie funktioniert das Sehen? Licht fällt gebündelt durch die Pupille ins Innere des Augapfels und wird auf die Rückwand des Augapfels projiziert – als Abbild dessen, was sich vor uns befindet. Dieser – hier freilich sehr vereinfacht geschilderte – physikalisch-physiologische Vorgang ist dem ganz ähnlich, der auf rein optisch-physikalischer Ebene bei der simpelsten Lochkamera stattfindet und überhaupt in der Fotografie: Das Prinzip der Fotografie – des »Licht-Bildes« – und damit auch des Films als bewegter Fotografie ist also ein Nachahmen des Prinzips des Sehens.

Ich behaupte: Das Kino, die »Kinematografie«, das Aufzeichnen bewegter Bilder, übt unter anderem deshalb eine so große Faszination und Anziehungskraft aus, weil durch die Umkehrung des fotografischen Aufnahmeprinzips bei der Projektion (der belichtete und entwickelte Filmstreifen läuft durch den Projektor wie der unbelichtete durch die Kamera lief, das Licht, das bei der Aufnahme durch die Linse eindrang, dringt bei der Projektion wieder hinaus) – weil durch diese Umkehrung der im Saal sitzende Zuschauer – mit dem Rücken zum Projektor und dem Blick auf die Leinwand – sich wie im Inneren eines Auges befindet.

BLUE VELVET ist, unter anderem, ein Film über den Akt des Sehens und damit ein Film über das Kino. Das Kino befriedigt oder bedient zumindest den Skopophilen – den Cinemascopophilen sozusagen –, den Schaulustigen, den Schausüchtigen, den Voyeur. Der klassische Voyeur, den es natürlich nicht erst seit der Erfindung des Kinos vor hundert Jahren gibt, schließt ein Auge und führt das weit geöffnete andere an ein Loch in der Wand, um etwas oder jemanden auf der anderen Seite zu beobachten, ohne selbst gesehen zu werden. Der Blick des Voyeurs durch das Guckloch verleiht ihm ein Gefühl der Macht. Ein Voyeur definiert sich durch Unsichtbarkeit und Anonymität. Dadurch fühlt er sich sicher, stark und unverletzbar, als trage er eine Tarnkappe. »Guckloch« heißt »Peephole« auf Englisch, »Peeping Tom« ist der angelsächsische Begriff für das, was wir »Spanner« nennen. Jeffreys maßloser Schrecken, wenn Dorothy die Schranktür aufreißt, ist der des ertappten Spanners, und dieser Moment, in dem einem das Herz in die Hose rutscht, wird vom Zuschauer im Kinosaal vollständig nachempfunden.

Die berühmtesten Spanner der Filmgeschichte sind James

Stewart in Hitchcocks REAR WINDOW (Das Fenster zum Hof, 1954), Anthony Perkins in Hitchcocks PSYCHO (1960), Karlheinz Böhm in Michael Powells PEEPING TOM (ebenfalls 1960) und Kyle MacLachlan in David Lynchs BLUE VELVET. Und wenn man sich dieses Männerquartett ansieht, fällt als erstes auf, daß nichts auffällt, will sagen: daß einer so unauffällig wie der andere ist – ganz normale, nett wirkende, eher etwas langweilige Typen. Zwei dieser sympathischen jungen Männer von nebenan – Anthony Perkins als Norman Bates in PSYCHO und Karlheinz Böhm als Mark Lewis in PEEPING TOM – erweisen sich im Verlauf der Handlung als psychisch kranke Frauenmörder, die beiden anderen – James Stewart als Jeff Jeffries in REAR WINDOW und Kyle MacLachlan als Jeffrey Beaumont in BLUE VELVET (der gleiche Vorname ist sicher kein Zufall) – geraten durch ihre Neugier ihrerseits in das Visier von Mördern und in Lebensgefahr, machen eine Katharsis durch und kehren am Ende wieder in den Alltag zurück, als sei nichts gewesen. Voyeurismus im Alltag: Einige Voyeure mögen Psychopathen sein, sagen diese Filme, aber Voyeure sind wir alle, nicht nur Berufsfotografen wie Jeff Jeffries. Wer kann schon den Blick abwenden, wenn er sich selbst unbeobachtet glaubt?

All diese Filme – PEEPING TOM, PSYCHO, BLUE VELVET, aber auch der weniger kontrovers aufgenommene REAR WINDOW und, um ein Beispiel aus der jüngeren Zeit zu gebrauchen, Kieslowskis KURZER FILM ÜBER DIE LIEBE – treffen einen Nerv im Zuschauer, denn sie stoßen ihn mit der Nase auf das Wesen des Kinos, halten ihm, dem Kinogänger, quasi einen Spiegel vor. Einige mögen sich dadurch ertappt und angeklagt fühlen, andere dagegen sehen im Regisseur einen Verbündeten, so wie der in ihnen einen Verbündeten sieht.

Bei einem näheren Vergleich der Apartment-Sequenz in BLUE VELVET mit der Mordszene in PSYCHO stößt man auf überraschend viele Parallelen. In beiden Fällen wird die Frau, die sich in ihrem Zimmer allein wähnt, heimlich von einem Mann beobachtet (Kyle MacLachlan hat vom Typ her starke Ähnlichkeit mit dem jungen Anthony Perkins). Der erste Schock in der BLUE VELVET-Sequenz entsteht durch die plötzliche Umkehrung der Rollen: Wo bei Hitchcock der Voyeur zum Aggressor mit Perücke und Messer wird und den Duschvorhang zur Seite zieht, ist es bei Lynch die beobachtete Frau, die – ebenfalls mit Perücke und Messer – die Schranktür aufreißt. In beiden Filmen ritzt das Messer die Haut, wobei Dorothy freilich Jeffrey nicht tötet, sondern ihn verführt und damit erneut die Erwartungshaltung unterläuft.

Mit dem Auftauchen Franks beginnt Lynchs zweite Variante der PSYCHO-Konstellation: Der Voyeur nimmt seinen Platz im Schrank wieder ein und landet damit dramaturgisch sozusagen auf Parkposition. Dorothy übernimmt Jeffreys Objektfunktion, Frank Dorothys Subjektfunktion. Der Schock, den Dorothys Vergewaltigung durch Frank – vollzogen zumindest verbal und durch Schläge – im Zuschauer auslöst, entspricht dem Entsetzen, das man bei dem Mord an Marion Crane in PSYCHO empfindet; in beiden Fällen ist die Impotenz des Aggressoren implizit. Der empörten Reaktion großer Teile des PSYCHO-Publikums angesichts der Ermordung der vermeintlichen Heldin am Ende des zweiten Akts entspricht der des BLUE VELVET-Betrachters, der eine solche Szene in einem *Mainstream*-Film nicht erwartet hätte und von dem Lancôme-Modell Isabella Rossellini schon gar nicht. Eine letzte Übereinstimmung zwischen PSYCHO und BLUE VELVET ist der Kleiderfetischismus (wenn Frank am Ende des Films in Dorothys Apartment auftaucht, hat er Dorothys Samtkleid auf dem Arm und trägt eine Perücke).

Der entscheidende Unterschied zwischen PSYCHO und BLUE VELVET – neben der formalen Umsetzung, die verschiedenartiger nicht sein könnte – ist natürlich der unsichtbare Dritte im zweiten Teil der BLUE VELVET-Sequenz, und so ganz untätig (oder gar unschuldig) ist er in seiner »Parkposition« wohl nicht. Ein erster Hinweis auf Jeffreys Parti-

zipation an dem, was sich vor seinen Augen abspielt, liefert
der oben beschriebene Verlauf der Blicke, wenn Frank auf
dem Sofa sitzt, seinen Bourbon trinkt und Dorothy befiehlt,
ihre Beine zu öffnen. Jeffrey benutzt Franks Gesicht als
Spiegel, und es besteht kein Zweifel an dem, was sein inne-
res Auge in diesem Moment sieht. Natürlich kann man diese
Kette von Blicken noch um den Zuschauer im Saal erweitern: Wir beobachten Jeffrey, wie er Frank beobachtet, der
Dorothy betrachtet.
Am Tage erscheint Jeffrey das, was er in Dorothys Wohnung erlebt hat, buchstäblich wie ein böser Traum: Wie in
einem Traum ist er abwechselnd Beobachter und Beteiligter
gewesen, wie in einem Traum hat er seine geheimsten Wün-
sche ausgelebt, wenn er nackt von Dorothy liebkost wird
und sie liebkosen darf, und wie in einem Traum hat Frank
die dunklen Seiten von Jeffreys eigener Seele verkörpert.
Direkt an diese lange Sequenz schließt sich eine Traummon-
tage an: Dem optisch verzerrten Gesicht von Jeffreys Vater
folgt das grimassenhafte Gesicht Franks; eine Flamme vor
dunklem Hintergrund wird von einem Windstoß ausgebla-
sen, darüber Franks Stimme (wie in Dorothys Apartment):
»Jetzt ist es dunkel«; bildfüllend Dorothys halb geöffnete,
knallrot geschminkte Lippen, die sanft sagen: »Schlag
mich«; Frank, der brutal zuschlägt, ein langer Schrei – und
Jeffrey wacht aus seinem Alptraum auf.
Die Einstellungen der Flamme und des Mundes tauchen
wenig später noch einmal auf, wenn Jeffrey zum dritten Mal
bei Dorothy ist und sie ihn wieder auffordert, sie zu schlagen. Als Jeffrey merkt, daß er tatsächlich fähig ist, ihrem
Verlangen nachzukommen, schneidet Lynch sekundenlang
nicht nur eine einzelne Kerze, sondern eine lodernde, die
ganze Leinwand füllende Flammenwand ein. So, wie er in
seinem Alptraum verarbeitete, daß Dorothy von Frank
geschlagen wird, wird er sich nun an seine eigenen Schläge
erinnern und darüber am Tag in Tränen ausbrechen.
Lust, Gewalt und die Lust an der Gewalt: Das sind für Jeffrey neue, erschreckende und erschreckend schöne Erfah-

rungen. Lust statt Liebe, Schläge statt Liebkosungen: Jeffreys heimliches sadomasochistisches Verhältnis mit der dunkelhaarigen Dorothy steht in krassestem Gegensatz zu der sauberen, keuschen Liebesbeziehung zwischen ihm und der blonden Sandy. »Warum gibt es soviel Böses auf der Welt?« fragt Jeffrey wie zum Beweis seiner verlorenen Unschuld und Naivität, und Sandy, zum Beweis ihrer anhaltenden Naivität, antwortet, indem sie ihm ihren Traum von den Rotkehlchen erzählt, die eines Tages auftauchen und der dunklen Welt das »blendende Licht der Liebe« zurückbringen.

Jeffrey ist vom Voyeur zum Beteiligten geworden. Seine Bestrafung, nach der er sich heimlich sehnt, beginnt, als Frank und seine Kumpel ihn dabei erwischen, wie er Dorothys Apartment eines Nachts verlassen will. Sie nehmen ihn und Dorothy mit auf eine Spazierfahrt, und die erste Station ist der Club von Franks Freund Ben (Dean Stockwell), offenbar ein billiges Bordell. Ben, dessen tuntenhafte Art eine eigenartige Faszination auf Frank ausübt, beteiligt sich kurz an den Ritualen, mit denen die anderen Jeffrey demütigen, und liefert dann auf Franks Wunsch eine Show-Einlage, indem er sich eine Werklampe als Mikrofon vor das Gesicht hält und zu Roy Orbisons Song *In Dreams* verzückt die Lippen bewegt. Frank starrt ihn dabei wie in Trance an und spricht den Text des Liedes ebenfalls stumm mit. Später, als alle wieder im Auto sitzen, beginnt Frank damit, Dorothy zu erniedrigen, und Jeffrey versetzt ihm einen Schlag ins Gesicht. Frank läßt Jeffrey von seinen Leuten aus dem Auto zerren und festhalten, beschmiert sich mit Dorothys Lippenstift dick die Lippen und drückt diese Jeffrey hart auf den Mund. Aus dem Auto tönt wieder Roy Orbison; Frank, sein Gesicht ganz nah an Jeffreys, spricht die Textzeilen des Refrains flüsternd mit: »In dreams I walk with you / In dreams I talk to you / In dreams you're mine / All of the time we're together / In dreams ...« Der schmalzige Schlagertext wird im neuen Kontext zur teuflischen Drohung, zum lupenreinen Horror.

Franks Kuß ist so irritierend und mehrdeutig wie die ganze Figur: Als Gipfel der Demütigung gedacht, drückt sich darin nicht nur Homophobie, sondern auch latente Homosexualität aus. Es ist aber auch der Kuß des Todes, eine Inbesitznahme, das Versprechen Franks, Jeffrey zu töten, ein Judaskuß. Und noch einmal die Umkehrung der Rollen: Nun ist es Jeffrey, der von Frank fast vergewaltigt wird, und Dorothy muß hilflos zusehen.

Jeffreys Katharsis geht weiter, nachdem er und Sandy sich auf einer Party zu Julee Cruises ironisch betiteltem Lied *Mysteries of Love* ihre Liebe gestanden haben (vom Gefühl des Begehrens, das Jeffrey bei Dorothy kennengelernt hat, spricht der Song freilich nicht). Auf der Heimfahrt werden die beiden von einem Auto gejagt; Jeffrey denkt, es sei Frank, aber Sandy erkennt Mike am Steuer, ihren Ex-Freund. Vor dem Haus der Beaumonts kommen die beiden Autos zum Stehen. Als der betrunkene Mike auf Jeffrey losgehen will, taucht die splitternackte, offenbar mißhandelte Dorothy auf. »Wer ist das denn, deine Mutter?« fragt Mike (und liefert damit einen weiteren Hinweis auf die Ödipus-Lesart). Jeffrey fährt mit Sandy und der unter Schock stehenden Dorothy zum Williams-Haus. Sandy verzerrt ihr Engelsgesicht zu einer grienenden Fratze, als sie sieht, wie sich die nackte Dorothy schutzbedürftig an Jeffrey schmiegt, ihn ihren »heimlichen Liebhaber« nennt und Mrs. Williams freundlich erklärt, Jeffrey habe »sein Gift« in sie gesteckt.

Das Erscheinen der geschundenen Dorothy im Vorgarten des schmucken Einfamilienhauses kommt sowohl für Jeffrey, Sandy und Mike als auch für den Zuschauer völlig unvorbereitet. Bisher hatte man Dorothy entweder in ihrer Wohnung oder im Slow Club gesehen. Durch ihr Auftauchen stellt sie Jeffrey zum zweitenmal bloß, diesmal vor Sandy und den anderen. »Wo ist mein Traum?« weint Sandy, die sich plötzlich in Jeffreys Alptraum wiederfindet. Und Dorothy schreit, als der Krankenwagen sie abholt: »Ich falle!«

In Dorothys Apartment, das jetzt erstmals hell erleuchtet ist, stößt Jeffrey auf eine bizarre Szenerie: Der korrupte Detective Gordon, ein Komplice Franks, steht in seinem knallgelben Anzug reglos mitten im Raum und blutet aus einer klaffenden Kopfwunde, und Don, Dorothys Mann, den wir zuvor nur kurz auf dem Bild gesehen hatten, sitzt mit abgeschnittenen Ohren tot in einem Sessel, im Mund ein Fetzen von Dorothys blauem Samtkleid. (Eine Szene, in der Dorothy nach Franks Besuch das zweite abgetrennte Ohr ihres Mannes im Waschbecken findet – Frank hatte mit Seife »Look down« an den Spiegel geschrieben – und es angewidert die Toilette hinunterspült, wurde zwar gedreht, aber aus Gründen des dramaturgischen Rhythmus nicht im Film benutzt.) Die Kamera erfaßt dieses makabre Arrangement, in dem die Figuren in ihren Bewegungen gefroren zu sein scheinen wie in einem Panoptikum, zunächst in einer Totalen, aber dann schneidet Lynch unbarmherzig auf Großaufnahmen der blutenden, verstümmelten Köpfe. Das Surreale der Situation wird noch dadurch erhöht, daß auf dem Soundtrack der Song *Love Letters* plärrt, der dadurch besondere Bedeutung erlangt, daß Frank Jeffrey vorher erklärt hatte, ein »Liebesbrief« sei bei ihm eine Pistolenkugel, und er werde ihm ganz sicher irgendwann einen solchen »Liebesbrief« schicken. Als der verkleidete Frank tatsächlich auftaucht, vermutet er Jeffrey im Schlafzimmer, was diesem Gelegenheit gibt, sich mit Gordons Pistole im Wandschrank zu verstecken. Frank pustet Gordon den Kopf weg, nähert sich Jeffreys Versteck, inhaliert noch einmal durch seine Heliummaske, wie um sich zu stimulieren, wird aber, als er die Schranktür aufreißt, von Jeffrey mit einem Schuß in die Stirn getötet: Der Schädlingsbekämpfer hat seine Funktion erfüllt und das Insektenmonster zertreten.

In der Schlußszene ist dann die vermeintliche Harmonie wieder hergestellt. Jeffrey und Sandy sehen ein Rotkehlchen auf dem Fensterbrett und erinnern sich an Sandys Traum; Jeffreys Tante ekelt sich vor dem Käfer, den der Vogel im Schnabel hat, aber das junge Paar lächelt glücklich, und Sandy sinniert ein letztes Mal: »Es ist eine fremde, seltsame Welt...« Lynch baut in diese kitschige Idylle – der Sendbote der Liebe vertilgt den Schädling – eine raffinierte Irritation ein: Das Rotkehlchen ist tot, ausgestopft und wird mechanisch bewegt!

Der Epilog wiederholt die knallbunten Postkartenbilder des Prologs in umgekehrter Reihenfolge, und ganz zum Schluß darf Dorothy noch glückselig ihr Söhnchen in die Arme schließen. Bevor die Kamera in den blauen Himmel schwenkt, wird das Gesicht der Mutter aber merkwürdig ernst, während man sie auf der Tonspur noch einmal *Blue Velvet* singen hört.

Kaum jemand, der BLUE VELVET zum ersten Mal sieht, wird in der Lage sein, sich an die »Kriminalgeschichte«, die sich irgendwo zwischen den großen nächtlichen Sequenzen des Films auch noch verbirgt (der Polizist Gordon besorgt Frank dank seiner Verbindungen Drogen in größeren Mengen) auch nur annähernd richtig zu erinnern. Lynch widmet diesen Aspekten der Story kurze, knappe Montagen: als Rückblende, wenn Jeffrey Sandy von seinen Nachforschungen erzählt, als Parallelschnitte, wenn die Polizei Franks Wohnung unter Beschuß nimmt, während Jeffrey den gelben Mann und »Van Gogh« in der Wohnung findet. Im Drehbuch waren noch weitere Szenen zwischen Jeffrey und seinen Eltern sowie zwischen Sandy und ihrem Freund Mike vorgesehen, und eine eigene Nebenhandlung widmete sich Jeffreys Bruch mit seiner Freundin vom College; diese Dinge wurden auch gedreht, aber von Lynch samt und sonders in der Schnittphase als überflüssig eliminiert. Der Film konzentriert sich so, wie er ist, ganz auf Jeffreys Reise vom Licht ins Dunkel und zurück – und auf die Verbindung widersprüchlichster Elemente, die dem Film seine surrealen, alptraumhaften Qualitäten verleihen.

BLUE VELVET ist ein Film über den Akt des Sehens. *Blue Velvet:* Blauer Samt, Blau und Samt, Farbe und Stoff, Licht und Leinwand. Aber wie sagte PSYCHO-Regisseur Alfred Hitchcock zu Isabella Rossellinis Mutter? »It's only a movie, Ingrid!«

Zwischenrede

Robert Fischers Lynch-Vortrag gab Anlaß zu einem heftigen
Disput. Dieser brach aus zwischen Hans Günther Pflaum
(Filmpublizist und als Kritiker für die »Süddeutsche Zeitung« bestens bekannt) und Prof. Dr. Klaus Schreyer
(Hochschule für Fernsehen und Film München), der aus
dem Auditorium heraus BLUE VELVET gegen Pflaum vertei-
digte, nachdem dieser die von Fischer vollzogene Wertung,
Lynch gleichrangig neben Hitchcock zu stellen, nicht teilen
mochte.

Da die Polemik gegenüber Pflaum in dem Vorwurf gipfelte,
sein Urteil komme aufgrund überholter Beurteilungskrite-
rien zustande, mit denen weder die Qualitäten eines Lynch-
Films noch die zeitgenössischer Produktionen zu fassen
seien, wurden beide Kontrahenten gebeten, ihre unter-
schiedliche Positionen für diesen Band zu Papier zu bringen. Denn dieser, in seiner Schärfe ungewöhnliche Streit
ging ums Ganze: die Rolle einer begleitenden Filmkritik als
theoretisches Rückgrat der laufenden Filmproduktion.
Kann Filmkritik, wie einst bei der Nouvelle Vague, nochmal
derart bestärkend ein Gehege für die Gehversuche einer
neuen Generation von Filmemachern stellen? Ist der deutsche Film deshalb so schlecht, weil die Filmkritik es ver-
säumt hat, auf der Höhe ihrer Zeit zu sein und mit den
Kategorien von gestern die Filme von heute verurteilt?

Es muß vor Lektüre der folgenden Kontroverse angemerkt
werden, daß kein Tonbandprotokoll Aufschluß über wirklich gefallene Ausdrücke gibt. Während Pflaums Beitrag aus
der Distanz zum Wortgefecht im ARRI sein hier publizier-
tes Urteil aufgrund der nochmaligen Video-Sichtung von
BLUE VELVET entwickelt hat und seinen Kontrahenten jetzt
namentlich ausspart, fußt Schreyers Entgegnung auf erin-
nerten und notierten Äußerungen Pflaums und reproduziert

damit im Tonfall die Atmosphäre der ARRI-Matinee. Da aus Gründen der Fairneß die beiden Texte unabhängig voneinander direkt an den Herausgeber gingen, ließen sich divergente Stillagen bzw. Ungefügtheiten zwischen Rede und Gegenrede nicht vermeiden.

Hans Günther Pflaum

Der Triumph des Effekthaschers
Kritische Anmerkungen zu Lynchs »Blue Velvet«

Der Anspruch, von den dunklen Dimensionen des menschlichen Lebens zu erzählen, von den jähen Abgründen der Seele, hat wenig zu besagen; jeder Fabrikant von Fernsehkrimis, der mit Mord und Totschlag daherkommt, kann ihn stellen. Was aber macht die Banalität der Serienproduktion über Verbrechen auf der Leinwand und am Bildschirm, von belanglosem Handwerk abgesehen, am Ende aus? Es ist vor allem die bequeme, stets zuverlässige und mühelos wahrnehmbare Trennung zwischen Gut und Böse. Sie bewahrt den Zuschauer vor Irritation und dem Nachhall der Verunsicherung, wie andererseits die Überschneidungen und das Verschwimmen jener Grenzen Irritationen stiftet. Hitchcock verstand es wie kein anderer, das Böse in die unmittelbare Reichweite zu holen, es inmitten einer vermeintlich gesicherten bürgerlichen Ordnung anzusiedeln, es sogar, wie in THE BIRDS, als Zerstörungstrieb innerhalb einer traditionell wertfreien Natur zu imaginieren, oder, wie in MARNIE, als Ergebnis traumatischer Erfahrungen, oder ganz einfach als Geschichte, die sich, wie in REAR WINDOW, gleich nebenan und sehr dicht vor den eigenen Augen vollzieht. In kaum einem Film Hitchcocks durfte sich der Zuschauer der Figuren restlos sicher sein, und die Figuren selbst konnten – SUSPICION ist hierfür das deutlichste Beispiel – dies meist erst recht nicht.

Wie aber verfährt der mit Hitchcock verglichene David Lynch in BLUE VELVET? Er zieht eine saubere Trennungslinie zwischen der heilen Bürgerwelt des Provinzkaffs Lumberton und dem Verbrechen. Sogar die alten Ladies im Hause der Beaumonts wissen Bescheid und warnen Jeffrey davor, sich abends noch in die Gegend der Lincoln Road zu begeben. Der Ort hat, wie unzählige andere zwischen Rosenheim und Kyoto auch, seine verrufenen Ecken. Auf dem Weg dorthin wird Jeffreys Begleiterin Sandy von einem langsam vorüberfahrenden Freier angemacht; das Pärchen hat die Grenzen zum Rotlichtbezirk offensichtlich überschritten. Für den, der's immer noch nicht wahrgenommen hat, schneidet Lynch noch ein Insert dazwischen, die Großaufnahme des Straßenschilds der Lincoln Road. Die Signale haben die Ambivalenz von Verkehrszeichen, nämlich gar keine, und entwerten jene verheißungsvolle Kamerafahrt, die direkt in Dons abgeschnittenes Ohr hineinzuführen scheint, zum bloßen Effekt. Es macht keinen Unterschied, ob diese Geschichte nur ein imaginierter Alptraum der Figuren oder ihres Schöpfers ist. Und der geniale Auftakt des Films, die Einstellungen der roten Rosen vor dem weißen Staketenzaun, des roten Löschzugs mit dem winkenden Feuerwehrmann und der gelben Tulpen, die in Verbindung mit Bobby Vintons Schnulze »Blue Velvet« in ihrer Künstlichkeit ein unterschwelliges Gefühl des Unbehagens über ein Trugbild der Idylle evozieren, bleibt für die Story des Films ebenso folgenlos wie für seine Inszenierung und wird erst in der Schlußsequenz stilistisch und inhaltlich wieder aufgegriffen. Erst im Finale scheint sich der Film seiner eigenen Exposition wieder erinnern zu wollen.

Wie weit die bürgerlichen Häuser der Beaumonts oder der Williams' vom Apartmenthaus der unbürgerlichen Dorothy Vallens entfernt sind, verdeutlicht Lynch zusätzlich mit einer Inschrift: »Deep River Apartments« steht über Dorothys Hauseingang. Im traditionellen Spiritual ist mit dem »Deep River« der Jordan gemeint, als Fluß, über den der Weg ins Jenseits führt. Und tatsächlich werden später Don, Gordon und Frank im Apartment der Sängerin über den Jordan gehen. Als ironisches und eklektisches Spiel mit Versatzstücken und Klischees ist BLUE VELVET eine beachtliche Virtuosität nicht abzusprechen, als Auseinandersetzung mit menschlichen Abgründen bleibt er eine postmoderne Banalität. Der Entwurf der beiden wichtigsten Frauenrollen übernimmt die Stereotypen der alten Western-Konventionen. Der »Slow Club«, in dem Dorothy auftritt, entspricht dem Saloon, düster und verwinkelt sind ihr Treppenhaus, in dem aus Gründen des Effekts der Lift außer Betrieb sein muß, und ihre Wohnung. Dunkle Töne haben ihre Kleider, sie entspricht genau der gefährlichen schwarzhaarigen Frau südlichen Ursprungs, die im Western das Prinzip der sexuellen Erfahrung verkörpert und am Ende meist tödlich bestraft wird. Lynchs kleine Variante: nicht Dorothy, sondern ihr Ehemann verliert das Leben, die Frau überdauert die Geschichte als schwarze Witwe. Sandy hingegen gleicht buchstäblich aufs Haar jenen dümmlichen, aber unberührten Blondinen, die zum Finale reif sind für die Ehe. Sie bevorzugt babyrosa, babyblau und andere Pastelltöne, lebt in einem hellen Haus und ist nicht umsonst die Tochter des aufrechten Ordnungshüters. Mit diesen Stereotypen bedient Lynch das traditionelle Frauenbild des Puritanismus, das auch den klassischen Western über Jahrzehnte hinweg geprägt hat.

Die Provokationen, die BLUE VELVET attestiert wurden, bleiben scheinbare. Es geht nicht darum, daß die Guten das Böse in sich selbst bekämpfen, sondern andernorts ausschalten. Der zwiespältigsten Figur der Geschichte, die mit ihrem Doppelleben die permanente Grenzüberschreitung betreibt, dem Detective Gordon, hat Lynch nur eine wortlose Chargenrolle zugewiesen. Dafür darf Gordon noch als Leiche aufrecht auf dem Teppich stehen, bevor Frank den Toten mit einigen Kugeln umnietet. Dies bleibt nicht der einzige mit genüßlicher Ironie zelebrierte Gag in diesem Film; die komödiantischen Momente der Inszenierung bestätigen den Eklektizismus. Lynch würde offensichtlich am liebsten mehrere Filme auf einmal realisieren. Er sprengt so mit Leichtigkeit alle Genres und macht seine Arbeit zum Unikat, das sich nirgendwo einordnen läßt und wohl deshalb das Prädikat »Kultfilm« zugewiesen bekam. Einer metaphysischen Dimension dient dieses Verfahren jedoch nicht.

Wenn es um seine Motive geht, arbeitet Lynch auffallend oft nach dem Prinzip der bloßen Addition; in der Darstellung des »Bösen« weicht er nicht qualitativ, sondern allein durch die Summe von den Konventionen ab. Nur hat er anno 1985 den Vorteil, direkt ins Bild setzen zu können, wovon man in früheren Dekaden, unter engeren Zensurbedingungen, nur indirekt erzählen durfte. Nach dem Prinzip der Verschärfung der Situation entwirft er ein ganzes Kaleidoskop von einst weitgehend tabuisierten sexuellen Vorlieben. Dorothy muß auch noch ein starkes masochistisches Bedürfnis entwickeln, Frank ist ein praktizierender Sadist – womit sich eigentlich die Richtigen gefunden hätten. Aber Frank hat offenkundig zudem noch eine homosexuelle Ader, wie während seines Besuchs bei dem Bilderbuchschwulen Ben suggeriert wird. Außerdem nimmt er Drogen, inhaliert aus einer Maske, und was immer er dabei zu sich nimmt, es treibt ihn zur pathologischen Raserei und in die Regression. Er nennt Dorothy heulend »Mammy« und brüllt »Baby wants to fuck!«. Lynch reicht das noch immer nicht aus, er lastet dem armen Mann auch noch einen profunden Fetischismus an; noch im Tod hat Frank einen Fetzen von Dorothys blauem Bademantel im Mund.

Der Abgrund des Provinzkaffs Lumberton besteht vor allem darin, daß es dort auch sexuelle »Abartigkeiten«, zudem Drogen, Gewalt und Psychopathen gibt. Auf dieser Ebene gelangt der Film wohl kaum über Banalitäten hinaus und betreibt dennoch wilde Anstrengungen die Normen der Biederkeit am Ende wiederherzustellen. Für Frank und Gordon bedeutet Lynchs Justiz die Todesstrafe, auch darin folgt BLUE VELVET der puritanischen Moral – was er selbst in den »gewagten« Einstellungen und Sequenzen tut. Dorothy erhält die Nacktszenen, Sandy darf sich nicht einmal ein wenig Petting gönnen. Dieses Prinzip unterscheidet sich nur graduell von der Kleiderordnung der Western-Tradition.

Noch banaler fällt Lynchs Metaphysik des Guten aus. Wie eine eifernde Sektenpredigerin kontert Sandy Jeffreys Frage, weshalb es so viel Leid auf der Welt gebe, mit ihrem Traum von den Rotkehlchen. »... und die Rotkehlchen bedeuten Liebe ... und plötzlich waren da Tausende von Rotkehlchen, und sie flogen herab und brachten dieses blendende Licht der Liebe.« Das Auto, in dem dieser Dialog stattfindet, parkt vor einer Kirche, und die Orgelmusik aus dem Hintergrund beginnt zeitgleich in strahlenden Tönen zu schwelgen. Lynch wird die Klänge als Leitmotiv etablieren und jeweils anklingen lassen, wenn sich Jeffrey und Sandy küssen oder »I love you« sagen. Zum Happy End sind dann die Rotkehlchen leibhaftig präsent, freilich als arg zerrupft und mechanisch aussehende Pappkameraden, die man auch als Beleg dafür deuten könnte, daß alles nur ironisch gemeint und die ganze Geschichte ein cleverer Fake sein könnte.

So bleibt als einziger Abgrund Jeffreys Forscherdrang. Mag er von der Welt Dorothys und Franks insgeheim noch so angezogen werden, mag er auch in jähem Zorn der Sängerin eine Ohrfeige verpassen und damit ihrem masochistischen Wunsch entsprechen – letztlich beharrt auch er auf der Abgrenzung und auf der Bekämpfung des Bösen. Dies wird von Lynch indes nur deskriptiv ausgeschlachtet, aber nicht erforscht; weil er nicht das geringste Interesse für die Ursprünge von Franks psychischer Beschaffenheit zeigt, stellt sich der Effekt der Mystifikation ein, doch nicht die vom Regisseur auch in Interviews angesprochene Metaphysik. Bezeichnend ist Lynchs häufige Verwendung von Schwarzfilm, bei Ausblenden und Inserts, und selbst Sandy muß bei ihrem ersten Auftritt effektvoll aus dem Dunkel auftauchen. Die Motivationen fallen dürftig aus. »I have to«, sagt Jeffrey, wenn sein Regisseur nicht erklären kann, weshalb er vor dem Showdown noch einmal in Dorothys Apartment geht. Wieder wie im Western: Ein Mann muß eben seinen Weg gehen, auch wenn der zu einer »verruchten« Frau und zu einigen Leichen führt. Die Lynch-Apologeten nennen das »Initiation«; vielleicht schließen sich ihnen Jeffreys künftige Schwiegereltern an – ich nicht.

Klaus Schreyer

Die Matinee, der Meisterkritiker und die Medienkunde
Plädoyer für den Beklagten Lynch

Obwohl ich mich eigentlich an diesem sonntäglichen Vormittag unangestrengt der Leidenschaft für den antirealistisch-verspielten und bildmächtig-perfiden Kinopoeten der Grausamkeit Lynch hingeben wollte, veranlaßt, ja zwingt mich die Verärgerung über Hans Günther Pflaums filmanalytisch fahrlässige Sorglosigkeit zu einer kurzen Replik.

Ich beginne mit der offenkundigen Begriffsverwirrtheit, mit der Hans Günther Pflaum das Auditorium für seinen salopp vorgetragenen Verriß gewinnen wollte. Daß Lynchs Film nicht die Art von Kino ist, die er mag, nun gut. Kein Wort gegen Subjektivität. Nicht aber mit Begriffen, die neben der Sache liegen, verwaschen sind und ziemlich falsch. Natürlich kann man sich endlos mit stilistischen Glaubensbekenntnissen nerven. Aber ich opponiere gegen verrutschte Maßstäbe einer Filmkritik. Denn andernfalls verhallt alles zu einem Vorurteils- und Meinungskanon. Und man kommt nie von noch so legitimen Gefallens- und Geschmacksurteilen zu kompetenteren Qualitätsurteilen.

Ad 1: Daß das Publikum an der einen oder anderen Stelle gelacht hat, veranlaßt Pflaum zu der Vermutung, es handle sich bei BLUE VELVET um »so etwas wie einen Slapstick, wo die Typen wie Pappkameraden umkippen, oder um komödiantische Momente«. Ich weiß nun beim besten Willen nicht, was BLUE VELVET etwa mit Filmen wie PRETTY WOMAN zu tun haben soll. Dieses beklemmende Lachen ist ja wirklich kein Indiz für Komisches, sondern für dessen Gegenteil. Die Bilder halluzinieren Angst beim Zuschauer. Das ist auch mehr als schwarzer Humor, was da läuft. Das Lachen ist eher ein befreiendes Ausagieren einer bedrückend und ins fast Unerträgliche inszenierten und montierten Beklem-

mung. Es ist eine Art von physischer Befreiung, mit der der
Zuschauer auf die tagtraumähnliche Suggestion von BLUE
VELVET reagiert. Der Film erreicht dies mit seinen faszinie-
renden und ins Bizarr-Kitschige gesteigerten Momenten des
Unheimlichen, des Absurden und des Bösartigen in Charakter und Rolle seiner Figuren. Die Zuschauer spüren die
unheimliche Wahrheit in diesem genialen Kinoalptraum.
Lynch hat sein Material zu einem Roadmovie in die
Abgründe der Seele montiert. Seine Bilder zielen auf das
Unbewußte. So ist in vielen symbolsprachlichen und arche-
typischen Bildern, Bildmontagen und Zwischenschnitten
die Rede vom gepflegten Äußeren kleinbürgerlicher Pro-
vinzstadt-Harmonie – während im wahrsten Sinne der Bilder unter der Oberfläche der Teufel los ist. Als komödien-
haft lassen sich diese Attribute, Standards und Versatzstücke
bürgerlichen Scheins und Seins nicht mißverstehen: Sattgrü-
ner Rasen plus Rasenmäher – Feuerwehrauto mit observie-
rendem Feuerwehrmann – Heiderosen und Tulpenblüte am
weißlackierten und cleangeputzten Staketenzaun und
schließlich das Rotkehlchen als eine singende Attrappe. Um
die Maske des Menschen geht es und um seine verschwie-
gene Kehrseite: Gewalt, Sucht, Neurose, Perversion, Sadismus und Selbsterniedrigung, Verdrängung von Sexualität
und Scham im puritanischen Lumberton. Und es geht um
das Bipolare des Menschen ganz allgemein. Oder, wie
Fromm sagt, um den Menschen in seiner Fähigkeit zum
Guten und Bösen. Das ist die Back-Story. Und genau dies
zeigt die Dreieckskonstellation von Jeffrey, Sandy und der
Nachtclubsängerin Dorothy. Jeffrey fühlt sich von beiden Frauen erotisch angezogen und er möchte sie beide be-
sitzen.
Trotz seiner galligen Spielerei mit allerlei Kinoversatzstük-
ken, Filmzitaten, Buñuelschen Ameisen etc. hat Lynch
nichts mit Konvention und Genre der Komödie im Sinn.
Eher mit dem Mittel der Groteske und des Absurden ent-
blößt er die Verlogenheit des Keuschheitsideals und einer
bürgerlichen Zwangsvorstellung von Nur-Gut oder Nur-

Böse. Und das Lachen des Zuschauers ist eher ein uminszenierter Angstschrei, Ausdruck des Entsetzens darüber, welche Dynamik die Schatten in der Wolfsseele des Menschen haben. Das ist virtuos in Bildern erzählt. Es läuft – wie Kluge sagt – über die Montage der Bilder im Kopf und dringt so in die Tiefe der unbewußten Wahrnehmung ein. Und genau das ist das magische Moment von Montagen.

Ad 2: Pflaum sagt: BLUE VELVET bestehe aus einem Spiel mit Versatzstücken, das im Hinblick auf Story wie Inszenierung disparat bleibe. Nun, genau das Gegenteil ist der Fall: Kein Motiv ist beliebig. Jedes Bild hat in Schnitt und Montage mindestens doppelte Bedeutung: Einmal als Storyline einer Kriminal-, Horror- oder Liebesgeschichte. Ferner in dem viel komplexeren, tieferen Sinnzusammenhang von metaphorischen Verknüpfungen, Bildassoziationen, Motivverweisen und archaischen Symbolen. Diese weisen über die Handlungslogik hinaus auf tiefere Kategorien, als im Verhalten der Figuren ablesbar ist. BLUE VELVET, aber auch WILD AT HEART folgen Grundprinzipien des Montagefilms. Sie brechen die Eindimensionalität und Geradlinigkeit konventioneller Erzählstrategien. Die Bilder sind eher Off-Hollywood gemacht und gegen traditionelles US-Erzählkino, das Pflaum offensichtlich so am Herzen liegt (dagegen habe ich gar nichts, wenn man an ROSENKRIEG, THELMA UND LOUISE oder auch an IN DER MITTE ENTSPRINGT EIN FLUSS denkt).
So benutzt Lynch eher klassische Muster (etwa Eisensteins) in Assoziations-, Kontrastmontagen oder dialektischen Spannungen und führt diese auf moderne Art weiter. Das Flammenmeer zu Beginn von WILD AT HEART, aber auch die comic-hafte Sprechblase mit der Fee am Ende, die die Bilderapokalypse auflöst, sind nur mit den Prinzipien der Montage zu erklären. Sie sind keineswegs narrativ logische Handlungselemente.
Hans Günther Pflaum zieht Hitchcock Lynch vor. So verstehe ich ihn. Und ich teile seine Passion für Hitchcock.

Daß er Lynch nicht mag – nun gut. Aber wenn er Hitchcocks geniale, genrespezifische und handlungslogische Her-
metik und seine Dramaturgien so verklärt, erscheint mir
solche Stilbesessenheit zu eng. Und es weckt nicht eben
Interesse dafür, was Film ist und kann. Film läßt sich nun –
Gott sei Dank – nicht einfach durch ein paar verbürgte Genres dividieren, damit die Kinowelt in Ordnung ist.
Bei Lynch geht es überwiegend um eine anti-aristotelische
oder anti-naturalistische Erzählweise. Es geht wohl weniger
um Fallhöhe einzelner Helden oder um die Dramaturgie
von Krise und Katharsis, die den Schrecken auflöst. Es geht
auch m.E. nicht um emotionale Identifikation mit dem einen
oder anderen sympathischen Individuum. Es geht wohl
auch weniger um Mitleid und Trauer. Ob dies nun die große
Naive in Blond oder die sympathisch zerbrochene Maso-
chistin aus dem Rotlichtmilieu in Schwarz ist, die zum
Schluß wieder ihren Buben hat. Lynchs phantastischer Bil-
derroman liefert eher einen klinisch anatomischen Befund.
Keineswegs nur pessimistisch und destruktiv rückt er eine
grausam schillernde Anthropologie von ein paar typischen
Menschen im blitzsauberen Klein-Lumberton filmisch ins
Licht und damit zurecht. Das ist Aufklärung im besonderen
Sinne.

Ad 3: Pflaum sagt, Lynch bediene in BLUE VELVET das
Frauenbild, worin das Sexuelle in die Ecke des Dunkeln und
Abseitigen abgeschoben werde. Lynchs Frauenbild folge
einem patriarchalischen oder anti-emanzipativen Vorurteil.
Am Ende des zusammenhanglosen Bilderbogens sei die bür-
gerliche oder kleinbürgerliche Welt, die der Film letztlich
nie hinterfrage, wieder heil. Und es habe sich nichts geändert. Letztlich werde der puritanische Moralkodex filmisch
nicht revidiert. Nun, da hört sich für mich der Spaß auf, und
gegen solchen Subjektivismus muß man unerbittlich sein.
Ich erlaube mir deshalb an dieser Stelle die Bemerkung: Das
Elend des deutschen Filmes ist auch das Elend der deutschen Filmkritik. Und ich meine dies auch als Appell an die

Solidarität von Filmkritikern und Filmemachern. Pflaum wird da weder Pflaum und schon gar nicht Lynch gerecht. Also: Die knallig-bunte Cleanheit der Drehorte und die in Gut und Böse colorierte Menschenwelt sind Kulisse. Die naive Blonde tritt nicht zufällig aus dem Dunkel ins Licht, wenn sie Jeffrey das erste Mal sieht. Was wir sehen, sind Ausstellungsstücke aus dem Fundus einer kitschigen Vorstadtidylle: Symptome des Übernormalen und des Total-Überangepaßten, das das eigentlich Krankhafte und Neurotische ist (Jaspers). Und dies geschieht nach der alten dramaturgischen Regel: Deeper into the wounds, deeper into the character.

Eigentlich läßt der Film auch kaum Spielraum für diese oder jene Interpretation – es sei denn, man hat nicht richtig hingeguckt. So sind Opening und Schlußmontage ein einfaches Beispiel für einen klassischen Kuleschow-Effekt, der sehr schön variiert wird. Ich beziehe mich hier nochmals auf Pflaums Kritik, Lynch habe seine Bilder sozusagen inkonsequent aneinandergereiht. Die Dreiersequenz zu Beginn (rote Rosen/Feuerwehr/gelbe Tulpen) wird am Ende umgedreht (gelbe Tulpen/Feuerwehrmann, aber näher/rote Rosen). Und dann kommt zu dem Titelsong das neue Familienglück von Ex-Schlagersängerin und gerettetem Kind. Das heißt wohl: Die Expedition in das abgeschnittene Teufelsohr, in das die Kamera wie in einen Geburtskanal, jedoch in Richtung Hölle, eindringt, ist abgeschlossen. Die Begegnungen mit den ekelhaften Käfern und Ameisen unter dem Teppichrasen, unter den so manches gekehrt ist, die Sadismen, Vergewaltigungen und Perversionen sind überstanden. Die Anfangsidylle scheint wiederhergestellt. Alles ist wieder harmonisch und ordentlich am rechten Platz. Aber auf der Meta-Ebene bedeutet dies genau das Gegenteil: Was auch immer in der bürgerlichen Lebensordnung an Destruktion getrieben wird, sie ist zäh und überlebt. Und alle kehren zu den eingeschliffenen Ritualen von Verdrängung und Überanpassung zurück. Lynch liefert mit leiser Häme einen Befund, den man dialektisch lesen muß. Doch die Auflösung ist nicht nur blanker Hohn. Das hat wenig oder gar nichts mit dem zu tun, was Sloterdijk so geistreich und griffig als Gewaltfolklore und Vulgär-Mythologien im »mythenspuckenden« amerikanischen Erzählkino beschrieben hat. Bei Lynch werden falsche Mythen der amerikanischen Legende entlarvt. Und auch das ist die Back-Story. Aber es fehlt eben auch nicht an einem Stückchen vom Prinzip Hoffnung, z.B. in der versöhnlichen Schlußmetapher von Dorothy und dem Buben. Lynch ist pralles, sinnliches, bitterböses Antispießerkino. Whisky mit Galle on-the-rocks.

Nachsatz:
Hätte ich zum Zeitpunkt meiner Replik die unheilvolle Allianz von FAZ und SZ zu David Lynchs späterem Film WILD AT HEART (»eine cineastische Katastrophe«) noch im Kopf gehabt, so hätte ich mich vielleicht weniger ins Zeug gelegt. Hans Günther Pflaum hat wohl eher Herrn Buchkas vorgesetzte Hauskritik über WILD AT HEART, der eine »Mischung aus Sentimentalität und Brutalität« sei, verinnerlicht. Vielleicht ist dadurch einen Moment die ihm sonst eigene Genauigkeit beim Betrachten der Bilder abhanden gekommen. Denn die ist es, die man an dem kampfeslustigen und unverstellt-bajuwarischen Filmfanatiker Pflaum kennt und schätzt.
Noch etwas: Isabella Rossellini hat in einem Interview mit der taz vom 12. Februar 1987 auf die Frage, ob denn BLUE VELVET – ähnlich wie dies Hans Günther Pflaum unterstellt – nicht ein frauenfeindlicher Film sei, geantwortet: »Aber die Art, wie das geschieht, ist nicht frauenfeindlich, das Gegenteil. Ja, ich bin Feministin, seit ca. 12 Jahren, als die feministische Bewegung in Italien aktiv wurde. Die Szenen, die Sie meinen, betreffen ja auch Dinge, von denen die Feministinnen verlangen, daß sie gezeigt und nicht geheimgehalten werden. Das Drama der Vergewaltigung zu zeigen, ist also gerade eine feministische Aktion.«

(Dieser Text entstand nach persönlichen Notizen des Verfassers – teils wörtlich, teils sinngemäß und in Teilen ergänzt).*

* Anmerkung des Herausgebers: Um die Debatte und die zum Rang von David Lynch gefallenen Argumente über diese Veranstaltung und dieses Buch hinaus zu erweitern, sei an dieser Stelle noch auf die Ergebnisse einer Umfrage hingewiesen, die die Schweizer Kunstzeitschrift *Parkett*; No. 28, Juni 1991, 141–162 veröffentlicht hat. Unter der Überschrift »Ist David Lynch (wirklich) wichtig? / (Why) Is David Lynch Important?« sind die Antworten von 32 Persönlichkeiten aus dem Bereich bildender Künste, der Kunstkritik und dem Ausstellungswesen abgedruckt. – Ferner sei auf den von Joan Copjec herausgegebenen Reader *Shades of Noir.* London, New York: Verso, 1993 und den darin enthaltenen Beitrag von Fred Pfeil unter dem Titel »Home Fires Burning: Family *Noir* in *Blue Velvet* and *Terminator 2*« 227–259, verwiesen, der von der Hypothese ausgeht, daß *film noir*-Elemente und -Energien im Themenbereich von »home and family« ein Fortleben fänden: »Through a look at two successful recent films, BLUE VELVET and TERMINATOR 2, I mean to show how home and family are being destabilized, *noir*-ized in both.« (S. 231).

Zu den Autoren

Robert Fischer, geb. 1954. Freischaffender Filmpublizist seit 1974. Arbeiten u. a. für »epd Film« und »Steadycam«. Buchveröffentlichungen als Autor, Herausgeber oder Übersetzer u. a. über Alfred Hitchcock, Orson Welles, David O. Selznick, Edward Dmytryk, Bernhard Wicki und David Lynch. Redakteur bei den Filmfestspielen in Berlin (1985–89) und München (seit 1986). »Chevalier de l'ordre des Arts et des Lettres« für Veröffentlichungen über François Truffaut (u. a. *Briefe 1945–1984* und *Monsieur Truffaut, wie haben Sie das gemacht?*).
Seinen Vortrag *Der Schrecken des Voyeurs* hielt er am 14. 11. 1993.

Hans Günther Pflaum, geb. 1941. Filmpublizist. Redakteur der »Film-Korrespondenz« (1972–76). Arbeitet vor allem für die »Süddeutsche Zeitung« und Radio Bremen. Buchveröffentlichungen: *Das bißchen Realität, das ich brauche* (mit Rainer Werner Fassbinder), *Film in der Bundesrepublik Deutschland* (mit Hans Helmut Prinzler), Herausgeber des *Jahrbuch Film* (1977–86). War Mitglied der Projektkommission der Filmförderungsanstalt und im Drehbuchgremium des Bundesinnenministeriums. Lehrtätigkeit an der Deutschen Journalistenschule in München.

Andreas Rost, geb. 1948. Studium an der Akademie der Bildenden Künste München, Kunsterzieher bis 1981 und Studium der Kunstgeschichte, Philosophie, Pädagogik an der Universität München. 1981–82 Stipendium für Paris, danach Promotion und Assistenz am Lehrstuhl für Kunstgeschichte der Universität Bamberg. Dissertation: *Von einem der auszog, das Leben zu lernen. Ästhetische Erfahrung im Kino ausgehend von Wim Wenders' Film* ALICE IN DEN STÄDTEN. (Trickster 1990) Seit Nov. 1992 Leiter des »Sachgebiet Film« im Kulturreferat der Landeshauptstadt München. Zusammen mit der Intern. Münchner Filmwochen GmbH als Betreiber des ARRI-Kino Initiator und Organisator der »Reden über Film«.

Klaus Schreyer, geb. 1938. Studium der Nationalökonomie und Soziologie an den Universitäten Erlangen und Konstanz. Ab 1966 redaktioneller Mitarbeiter der Wirtschaftsredaktion/Fernsehen des Bayerischen Rundfunks. Ab 1969 zunächst Assistent, dann geschäftsführender Leiter der Abteilung IV – Dokumentarfilm und Fernsehpublizistik – und Professor für Publizistik und Zeitgeschichte. Mitglied des Kuratoriums Junger Deutscher Film, der Filmbewertungsstelle Wiesbaden, später beim Bayerischen Filmpreis und der Freiwilligen Selbstkontrolle (FSK). Einer der Vizepräsidenten der Bayerischen Akademie für Fernsehen (BAF).

Peter Sloterdijk, geb. 1947. Wurde einer breiteren Öffentlichkeit mit Erscheinen seiner *Kritik der zynischen Vernunft* (1983) bekannt. Seither immer wieder mit Publikationen zur Zeitdiagnostik hervorgetreten, wie z. B. mit *Eurotaoismus. Zur Kritik der politischen Kinetik* (1989). Nach Gastprofessuren in New York, Paris, Wien und Zürich, hat er seit dem Sommersemester 1992 den Lehrstuhl für Philosophie und Ästhetik an der neu geschaffenen Staatlichen Hochschule für Gestaltung in Karlsruhe inne.
Seinen Vortrag *Sendboten der Gewalt* hielt er am 25. 4. 1993.

Klaus Theweleit, geb. 1942. Autor von *Männerphantasien* (1977/78); *Buch der Könige*, Bd. 1: *Orpheus und Eurydike* (1988); *Objektwahl – All You Need Is Love* (1990); *Ein Aspirin von der Größe der Sonne* (1990); *Buch der Könige*, Bd. 2: *Orpheus am Machtpol. Recording Angels' Mysteries* (erscheint 1994).
Seinen Vortrag *Sirenenschweigen, Polizistengesänge* hielt er am 17. 10. 1993.

Filmbibliothek
im Verlag der Autoren

Augenzeugen. 100 Texte neuer deutscher Filmemacher
Hrsg. von Hans Helmut Prinzler und Eric Rentschler
Mehr als 25 Jahre deutsche Filmgeschichte in Reden, Erklärungen, Polemiken und Essays. Ein Standardwerk mit Texten von Achternbusch bis Ziewer, von Herzog bis Schlöndorff.

Curt Bois, So schlecht war mir noch nie
Aus meinem Tagebuch. Mitarbeit: Wolfgang Deichsel
Der bissige, höchst kauzige Rückblick des großartigen Komikers und namhaften Schauspielers auf sein Leben.

Fassbinders Filme 2
Herausgegeben von Michael Töteberg
Enthält die Drehbücher: Warum läuft Herr R. Amok?; Rio das Mortes; Withy; Die Niklashauser Fart; Der amerikanische Soldat; Warnung vor einer heiligen Nutte

Fassbinders Filme 3
Herausgegeben von Michael Töteberg
Enthält die Drehbücher: Händler der vier Jahreszeiten; Angst essen Seele auf; Fontane Effi Briest

Fassbinders Filme 4/5
Acht Stunden sind kein Tag
2 Bände im Schuber
Eine TV-Serie, die Fernsehgeschichte gemacht hat wie kaum eine andere. Zum ersten Mal werden hier auch die Drehbücher der Folgen 6-8 veröffentlicht, deren Realisierung von den Fernsehverantwortlichen verhindert wurde.

Edgar Reitz, Drehort Heimat
Arbeitsnotizen und Zukunftsentwürfe. Herausgegeben von Michael Töteberg
»Das richtige Buch zur richtigen Zeit! Edgar Reitz liefert mit *Drehort Heimat* ein schriftliches Begleitprogramm zu seinen Filmen.«
Zoom

Helma Sanders-Brahms, Das Dunkle zwischen den Bildern
Essays, Portraits, Kritiken. Herausgegeben von Norbert Grob
In den vorliegenden Texten enthüllt sich das ästhetische Credo von
Helma Sanders-Brahms: Kampf den Kompromissen, Krieg den
Kollaborateuren.

Wim Wenders, Emotion Pictures
Essays und Filmkritiken
Wenders über Godard, Truffaut und Hitchcock, über *Easy Rider*
und *Spiel mir das Lied vom Tod,* über die Rolling Stones und Van
Morrison.

Wim Wenders, Die Logik der Bilder
Essays und Gespräche. Herausgegeben von Michael Töteberg
Wenders reflektiert über seine Filme und sein Leben. Aus der Praxis hinter der Kamera entsteht der Entwurf einer eigenen Film-
ästhetik: »Die Kamera ist die Waffe gegen das Elend der Dinge,
nämlich gegen ihr Verschwinden.«

Wim Wenders, The Act of Seeing
Texte und Gespräche
Der Regisseur setzt sich in den vorliegenden Texten und Gesprä-
chen nicht nur mit seiner Arbeit als Filmemacher auseinander, sondern auch mit seinem Verhältnis zu Landschaften und Städten, mit
seiner Rolle als Deutscher, als Europäer und Weltbürger.

Wim Wenders, Tokyo Ga
Ein Filmtagebuch. Dreisprachig
»*Tokyo Ga* ist ein kleines, aber piekfeines Buch.« *konkret*

Wim Wenders, Electronic Paintings
Aquarelle, Zeichnungen, Collagen. Großformat
Erstmals in Buchform: Wenders' Arbeiten als Maler, Grafiker und
Zeichner. Ein wunderschönes Buch, opulent ausgestattet, ein Fest
fürs Auge.

Wim Wenders, EINMAL
Bilder und Geschichten
Ein aufwendig gestalteter Kunstband mit Photos, die im Laufe der
letzten zwanzig Jahre bei Wenders' Reisen um die ganze Welt ent-
standen.